JN438241

진각국사(眞覺國師)

오로지 정법만을 깨닫기 서원합니다.

입을 열면 정법만을 설하기 서원합니다.

중생이 다하는 그날까지 교화하기 서원합니다.

-대원 문재현 전법선사의 3대 서원

근대 선맥 전법 계보 (近代 禪脈 傳法 系譜)

75조 경허 성우(鏡虛 惺牛) 선사

홀연히 콧구멍 없는 소 되라는 말끝에	忽聞人語無鼻孔
삼천계가 내 집임을 단박에 깨달았네	頓覺三千是我家
유월의 연암산을 내려가는 길에서	六月鷰岩山下路
일없는 야인이 태평가를 부르노라	野人無事太平歌

76조 만공 월면(滿空 月面) 선사

전법게

구름과 달, 산 계곡이라, 곳곳에서 같음이여	雲月溪山處處同
수산선자 큰 가풍일세	叟山禪子大家風
은근히 무문인을 분부하노니	慇懃分付無文印
이 기틀의 방편이 활안 중에 있노라	一段機權活眼中

77조 전강 영신(田岡 永信) 선사

전법게

불조도 전한 바 없어서	佛祖未曾傳
나 또한 얻은 바 없음을…	我亦無所得
가을빛 저물어 가는 날에	此日秋色暮
뒷산의 원숭이가 울고 있네	猿嘯在後峰

78대 대원 문재현(大圓 文載賢) 선사

전법게

부처와 조사도 일찍이 전한 것이 아니거늘	佛祖未曾傳
나 또한 어찌 받았다 하며 준다 할 것인가	我亦何受授
이 법이 2천년대에 이르러서	此法二千年
널리 천하 사람을 제도하리라	廣度天下人

부송(付頌)

어상을 내리지 않고 이러-히 대한다 함이여	不下御床對如是
뒷날 돌아이가 구멍 없는 피리를 불리니	後日石兒吹無孔
이로부터 불법이 천하에 가득하리라	自此佛法滿天下

이 오도송과 전법게는 대원 문재현 선사님께서 법리에 맞도록 새롭게 번역한 것입니다.

국제정맥선원 대웅전에서 소참법문중인 대원 문재현 선사님

바로보인 선문염송 15

바로보인 출판사는 재단법인 대한불교 육조정맥종 정맥선원에서 운영하고 있습니다.

* 국제 정맥선원 487-832, 경기도 포천시 내촌면 음현리 140-2
전화 031-531-8805
* 광주 정맥선원 506-453, 광주광역시 광산구 오운동 115-3
전화 062-944-4088
* 서울 정맥선원 132-010, 서울시 도봉구 도봉동 559-24 문젠빌딩 2층
전화 02-3494-0122
* 부산 정맥선원 607-120, 부산시 동래구 사직동 113-1번지 대륙코리아나 2층 212호
전화 051-503-6460
* 포천 정맥선원 487-832, 경기도 포천시 내촌면 음현리 14번지
전화 031-531-2433

바로보인 불법 ⑩
바로보인 선문염송(禪門拈頌) 15

초판 1쇄 박은날 단기 4342년, 불기 3036년, 서기 2009년 12월 18일
초판 1쇄 펴낸날 단기 4342년, 불기 3036년, 서기 2009년 12월 23일

역　　저 대원 문재현 선사
펴 낸 곳 도서출판 바로보인
151-802, 서울특별시 관악구 남현동 1056-1 에스파빌딩 3층
전화 02-3494-2460 팩스 02-3494-2460(전화 겸용)
등록번호 1993.10.20. 제15-169호

편집·윤문 진성 윤주영
제작·교정 도명 정행태, 진연 윤인선, 명심 위하나
인　　쇄 가람문화사

잘못된 책은 교환해 드립니다.
값 15,000원

ISBN 978-89-86214-36-9 04220
ISBN 978-89-86214-21-5 (전30권)

불조 법계보(佛祖 法系譜)

인 도

종조 석가모니 (宗祖 釋迦牟尼)

1 조 마하가섭 (摩訶迦葉)

2 조 아난타 (阿難陀)

3 조 상나화수 (商那和脩)

4 조 우바국다 (優波毱多)

5 조 제다가 (提多迦)

6 조 미차가 (彌遮迦)

7 조 바수밀 (婆須密)

8 조 불타난제 (佛陀難提)

9 조 복타밀다 (伏馱密多)

10조 파율습박 (波栗濕縛)

11조 부나야사 (富那夜奢)

12조 아나보리 (阿那菩提)

13조 가비마라 (迦毗摩羅)

14조 나알라수나 (那閼羅樹那)

15조 가나제파 (迦那提波)
16조 라후라타 (羅睺羅陀)
17조 승가난제 (僧伽難提)
18조 가야사다 (迦耶舍多)
19조 구마라다 (鳩摩羅多)
20조 사야다 (闍夜多)
21조 파수반두 (婆修盤頭)
22조 마노라 (摩拏羅)
23조 학륵나 (鶴勒那)
24조 사자보리 (師子菩提)
25조 파사사다 (婆舍斯多)
26조 불여밀다 (不如密多)
27조 반야다라 (般若多羅)
28조 보리달마 (菩提達磨)

중 국

29조 이조 혜가 (2 조 慧可)
30조 삼조 승찬 (3 조 僧璨)
31조 사조 도신 (4 조 道信)
32조 오조 홍인 (5 조 弘忍)

33조 육조 혜능 (6조 慧能)
34조 남악 회양 (7조 南嶽 懷讓)
35조 마조 도일 (8조 馬祖 道一)
36조 백장 회해 (9조 百丈 懷海)
37조 황벽 희운 (10조 黃檗 希雲)
38조 임제 의현 (11조 臨濟 義玄)
39조 홍화 존장 (12조 興化 存獎)
40조 남원 혜옹 (13조 南院 慧顒)
41조 풍혈 연소 (14조 風穴 延沼)
42조 수산 성념 (15조 首山 省念)
43조 분양 선소 (16조 汾陽 善昭)
44조 자명 초원 (17조 慈明 楚圓)
45조 양기 방회 (18조 楊岐 方會)
46조 백운 수단 (19조 白雲 守端)
47조 오조 법연 (20조 五祖 法演)
48조 원오 극근 (21조 圜悟 克勤)
49조 호구 소륭 (22조 虎丘 紹隆)
50조 응암 담화 (23조 應庵 曇華)
51조 밀암 함걸 (24조 密庵 咸傑)
52조 파암 조선 (25조 破庵 祖先)
53조 무준 사범 (26조 無準 師範)
54조 설암 혜랑 (27조 雪岩 慧郞)
55조 급암 종신 (28조 及庵 宗信)
56조 석옥 청공 (29조 石屋 淸珙)

한 국

57조 태고 보우 (1조 太古 普愚)
58조 환암 혼수 (2조 幻庵 混脩)
59조 구곡 각운 (3조 龜谷 覺雲)
60조 벽계 정심 (4조 碧溪 淨心)
61조 벽송 지엄 (5조 碧松 智嚴)
62조 부용 영관 (6조 芙蓉 靈觀)
63조 청허 휴정 (7조 淸虛 休靜)
64조 편양 언기 (8조 鞭羊 彦機)
65조 풍담 의심 (9조 楓潭 義諶)
66조 월담 설제 (10조 月潭 雪霽)
67조 환성 지안 (11조 喚醒 志安)
68조 호암 체정 (12조 虎巖 體淨)
69조 청봉 거안 (13조 青峰 巨岸)
70조 율봉 청고 (14조 栗峰 青杲)
71조 금허 법첨 (15조 錦虛 法沾)
72조 용암 혜언 (16조 龍巖 慧言)
73조 영월 봉율 (17조 詠月 奉律)
74조 만화 보선 (18조 萬化 普善)
75조 경허 성우 (19조 鏡虛 惺牛)
76조 만공 월면 (20조 滿空 月面)
77조 전강 영신 (21조 田岡 永信)
78대 대원 문재현 (22대 大圓 文載賢)

대원 문재현 선사님 인가 내역

제 1 오도송

이 몸을 끄는 놈 이 무슨 물건인가?
골똘히 생각한 지 서너 해 되던 때에
쉬이하고 불어온 솔바람 한 소리에
홀연히 대장부의 큰 일을 마치었네

무엇이 하늘이고 무엇이 땅이런가
이 몸이 청정하여 이러-히 가없어라
안팎 중간 없는 데서 이러-히 응하니
취하고 버림이란 애당초 없다네

하루 온종일 시간이 다하도록
헤아리고 분별한 그 모든 생각들이
옛 부처 낳기 전의 오묘한 소식임을
듣고서 의심 않고 믿을 이 누구인가!

此身運轉是何物
疑端汨沒三夏來
松頭吹風其一聲
忽然大事一時了

何謂靑天何謂地
當體淸淨無邊外
無內外中應如是
小分取捨全然無

一日於十有二時
悉皆思量之分別
古佛未生前消息
聞者卽信不疑誰

대원 문재현 선사님의 스승이신 전강(田岡) 대선사님께서 1962년 대구 동화사의 조실로 계실 당시 대원 문재현 선사님께서도 동화사에 함께 머무르고 계셨다.

하루는, 전강 대선사님께서 대원 선사님의 3연으로 되어 있는 제1오도송을 들어 깨달은 바는 분명하나 대개 오도송은 짧게 짓는다고 말씀하셨다. 이에 대원 선사님께서는 제1오도송을 읊은 뒤, 도솔암을 떠나 김제들을 지나다가 석양의 해와 달을 보고 문득 읊었던 제2오도송을 일러드렸다.

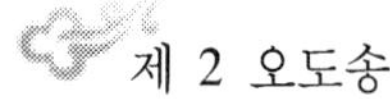

제 2 오도송

해는 서산 달은 동산 덩실하게 얹혀 있고
김제의 평야에는 가을빛이 가득하네
대천이란 이름자도 서지를 못하는데
석양의 마을길엔 사람들 오고 가네

日月兩嶺載同模
金提平野滿秋色
不立大千之名字
夕陽道路人去來

제2오도송을 들으신 전강 대선사님께서는 이에 그치지 않고 그와 같은 경지를 담은 게송을 이 자리에서 즉시 한 수 지어볼 수 있겠냐고 하셨다. 대원 선사님께서는 곧바로 다음과 같이 읊으셨다.

바위 위에는 솔바람이 있고
산 아래에는 황조가 날도다
대천도 흔적조차 없는데
달밤에 원숭이가 어지러이 우는구나

岩上在松風
山下飛黃鳥
大千無痕迹
月夜亂猿啼

전강 대선사님께서는 위 송의 앞의 두 구를 들으실 때만 해도 지긋이 눈을 감고 계시다가 뒤의 두 구를 마저 채우자 문득 눈을 뜨고 기뻐하는 빛이 역력하셨다.

그러나 전강 대선사님께서는 여기에서도 그치지 않고 다시 한 번 물으셨다.

"대중들이 자네를 산으로 불러내고 그 중에 법성(향곡 스님 법제자인 진제 스님)이 달마불식(達磨不識) 도리를 일러보라 했을 때 '드러났다'고 답했다는데, 만약에 자네가 당시의 양무제였다면 '모르오'라고 이르고 있는 달마 대사에게 어떻게 했겠는가?"

대원 선사님께서 답하셨다.

"제가 양무제였다면 '성인이라 함도 서지 못하나 이러-히 짐의 덕화와 함께 어우러짐이 더욱 좋지 않겠습니까?' 하며 달마 대사의 손을 잡아 일으켰을 것입니다."

전강 대선사님께서 탄복하며 말씀하셨다.

"어느새 그 경지에 이르렀는가?"

"이르렀다곤들 어찌 하며, 갖추었다곤들 어찌 하며, 본래라곤들 어찌 하리까? 오직 이러-할 뿐인데 말입니다."

대원 선사님께서 연이어 말씀하시자 전강 대선사님께서 이에 환희하시니 두 분이 어우러진 자리가 백아가 종자기를 만난 듯, 고수 명창 어울리듯 화기애애하셨다.

달마불식 공안에 대한 위의 문답은 내력이 있는 것이다. 선상 대선사님께서 대원 선사님을 부르기 며칠 전에, 저녁 입선 시간 중에 노장님 몇 분만이 자리에 앉아있을 뿐 자리가 텅텅 비어 있었다고 한다.

대원 선사님께서 이상히 여기고 있던 중, 밖에서 한 젊은 수좌가 대원 선사님을 불렀다. 그 수좌의 말이 스님들이 모두 윗산에 모여 기다리고 있으니 가자고 하기에 무슨 일인가 하고 따라가셨다.

그러자 그 자리에 있던 법성 스님이 보자마자 달마불식 법문을 들고 이르라고 하기에 지체없이 답하셨다.

"드러났다."

곁에 계시던 송암 스님께서 또 안수정등 법문을 들고 물으셨다.

"여기서 어떻게 살아나겠소?"

대뜸 큰소리로 이르셨다.

"안 · 수 · 정 · 등."

이에 좌우에 모인 스님들이 함구무언(緘口無言)인지라 대원 선사님께서는 먼저 그 자리를 떠나 내려와 버리셨다.

그 다음날 입승인 명허 스님께서 아침 공양이 끝난 자리에서 지난 밤 입선시간 중에 무단으로 자리를 비운 까닭을 묻는 대중 공사를 붙여 산 중에서 있었던 일들이 낱낱이 드러나고 말았다. 그리하여 입선시간 중에 자리를 비운 스님들은 가사 장삼을 수하고 조실인 전강 대선사님께 참회의 절을 했던 일이 있었다.

전강 대선사님께서는 이때에 대원 선사님께서 달마불식 도리에 대해 일렀던 경지를 점검하셨던 것이다.

이런 철저한 검증의 자리가 있었던 다음 날, 전강 대선사님께서 부르시기에 대원 선사님께서 가보니 주지인 월산(月山) 스님께서 모든 것이 약조된 데에서 입회해 계셨으며 전강 대선사님께서는 곧바로 다음과 같이 전법게(傳法偈)를 전해주셨다.

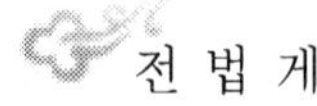

전 법 게

부처와 조사도 일찍이 전한 것이 아니거늘
나 또한 어찌 받았다 하며 준다 할 것인가
이 법이 2천년대에 이르러서
널리 천하 사람을 제도하리라

佛祖未曾傳
我亦何受授
此法二千年
廣度天下人

덧붙여 이 일은 월산 스님이 증인이며 2000년까지 세 사람 모두 절대 다른 사람이 알게 하거나 눈에 띄게 하지 않아야 한다고 당부하셨다.

만약 그러지 않을 시에는 대원 선사님께서 법을 펴 나가는데 장애가 있을 것이라고 예언하셨다. 또한 각별히 신변을 조심하라 하시고 월산 스님에게 명령해 대원 선사님을 동화사의 포교당인 보현사에 내려가 교화에 힘쓰게 하셨다.

대원 선사님께서 보현사로 떠나는 날, 전강 대선사님께서는 미리 적어두셨던 부송(付頌)[1]을 주셨으니 다음과 같다.

부 송

어상을 내리지 않고 이러-히 대한다 함이여
뒷날 돌아이가 구멍 없는 피리를 불리니
이로부터 불법이 천하에 가득하리라

不下御床對如是
後日石兒吹無孔
自此佛法滿天下

---

1) 부송(付頌) : 이때 주신 송을 헤어질 때 주신 송이라 송별송이라 이름했으나 그 내용이 대원 선사님에게 먼 미래에 이르기까지의 법을 부촉하시는 내용이어서 부송(付頌)이라고 개명한다.

위의 송의 '어상을 내리지 않고 이러-히 대한다 함이여'라는 첫째 줄 역시 내력이 있는 구절이다.

전에 대원 선사님께서 전강 대선사님을 군산 은적사에서 모시고 계실 당시 마당에서 홀연히 마주쳤을 때 다음과 같은 문답이 있었다.

전강 대선사님께서 물으셨다.

"공적(空寂)에 영지(靈知)를 이르게."

대원 선사님께서 대답하셨다.

"이러-히 스님과 대담(對談)합니다."

"영지에 공적을 이르게."

"스님과의 대담에 이러-합니다."

"어떤 것이 이러-히 대담하는 경지인가?"

"명왕(明王)은 어상(御床)을 내리지 않고 천하 일에 밝습니다."

위와 같은 문답 중에 대원 선사님께서 답하신 경지를 부송의 첫째 줄에 담으신 것이다.

전강 대선사님께서 대원 선사님을 인가(印可)하신 과정을 볼 때 한 번, 두 번, 세 번을 확인하여 철저히 점검하신 명안종사의 안목에 탄복하지 않을 수 없으며 이에 끝까지 1초의 머뭇거림도 없이 명철하셨던 대원 선사님께 찬탄하지 않을 수 없다.

그리하여 법열로 어우러진 두 분의 자리가 재현된 듯 함께 환희용약하지 않을 수 없다.

이제 전강 대선사님과 약속한 2천년대를 맞이하였으므로 여기에 전법게를 밝힌다.

이로써 경허, 만공, 전강 대선사님으로 내려온 근대 대선지식의 정법의 횃불이 이 시대에 이어져 전강 대선사님의 예언대로 불법이 천하에 가득할 것이다.

바로보인 불법 ⑩

바로보인 선문염송(禪門拈頌)

15

대원 문재현 선사 역저

책을 내면서

『선문염송(禪門拈頌)』은 『전등록(傳燈錄)』과 더불어 세계 최대의 공안집(公案集)이다. 중국에서 출간된 『경덕전등록(景德傳燈錄)』의 양억이 쓴 서문에 의하면 경덕전등록 전30권에는 1,701명의 선사님이 실려 있다.

그런데 선사님 한 분의 어록 안에 여러 공안이 실려 있으므로 전체 공안의 수는 책에 실린 선사님의 수보다 훨씬 많다고 할 것이다.

『선문염송』 역시 본 공안만 해도 1,463칙으로 이루어져 있다. 게다가 각 공안마다 많게는 수십 분, 적게는 한두 분 선사님의 법문과 송(頌)이 딸려 있고, 각 법문과 송에 또한 많은 공안도리가 숨어 있으니 그것들을 다 든다면 만 여 공안이 넘어 오히려 『전등록』의 공안 수를 훨씬 웃돌 것이라고 본다.

이러한 보배 중의 보배가 설두(雪竇) 선사님의 후신이라고 일컬어지는 고려 진각(眞覺) 국사님에 의해 완성되어 우리나라에서 초유로 간행되었으니 자랑스러운 일이라 아니할 수 없다.

『선문염송』을 보며 석가모니 부처님께서 병에 따라 약을 주시듯 근기에 따라 갖은 방편을 다하여 자유자재 수행인을 제접하신 바가 참으로 희유한 법인 공안도리를 이루게 되었다는 것에서 새삼 경외감을 느꼈다. 또한 설두 선사와 진각 국사 두 몸에 걸쳐 끝내 이 공안집의 완성을 이루신 그 서원에 감동하였다.

그러하니 혼자 몸으로 이 『선문염송』의 전 공안을 번역하고 평하여 바로 보이신 스승님의 지혜와 자비, 원력에 어찌 찬탄의 말씀을 드리지 않을 수 있을까.

『선문염송』은 앞에서도 이야기했듯 우선 본칙부터 전 공안을 망라하다시피 한 방대한 양이며 이에 대해 많은 선사님들의 법문까지 결집해 놓은 터라 부처님으로부터 각 선사님들의 법 쓰시는 바를 손바닥 들여다보듯 하지 않고는 제대로 번역할 수가 없다.

그러므로 이것은 번역이 아니라 다시금 보이셨다는 말이 걸맞을 것이다.

'양구(良久)'라는 한마디도 어떻게 번역하느냐에 따라 수행인이 더욱 분명히 공안을 참구하는 계기가 되는 것이다. 선사님들이 말없이 계시는 내역을 바로 짚기란 여간 어려운 것이 아닌데 스승님께서는 이를 의로(意路)에 따라 읽어내어 '잠잠히 있다가' 혹은 '말없이 보이다가'로 번역하셨다.

또한 양구의 내역뿐 아니라 법문의 어디에 선사님들의 참 의중인 공안이 숨어있는가를 고스란히 드러내어 그 공안을 바로 참구할 수 있게끔 번역하셨으니 공안참구의 길잡이 역할을 하셨다는 것을 독자들은 바로 알아차릴 수 있을 것이다.

게다가 난해하기로 유명한 『선문염송』, 어떤 선사도 감히 전 공안에 대해 입을 벌리지는 못했는데 스승님께서는 최초로 전 공안에 취모검 휘두르기를 두려워하지 않으셨다.

한마디로 일체종지를 통달한 이가 아니고는 애시당초 엄두도 내지 못할 일을 거침없이 각 칙마다 일러가셨으니 그 통달한 지혜에 누군들 탄복하지 않을 수 있을까.

더불어 평생에 걸쳐서라도 이 공안집 30권을 바로 보이시겠다는 스승님의 원력과 노고를 잊을 수가 없다. 당신이 아니면 할 수 없는 일이라는 사명감에 국제선원을 짓는 불사와 전국의 제자를 가르치는 와중에도 1992년도부터 9년째 『선문염송』 작업을 놓지 않으셨다.

지금도 눈에 환히 떠오르는 것은 주말마다 선원에 가면 밤늦게까지 불켜진 스승님의 방, 방문을 열면 책상 앞에서 『선문염송』 작업을 하다가 고개를 들어 웃어주시며 피곤한 눈가에 맺힌 눈물을 닦아내시던 스승님의 모습이다.

하루에도 여러 번 불사현장을 오가느라 지친 몸에도 작업을 보면 떨치고 일어나 앉으셨다. 그때마다 얼마나 죄스럽고 안타까운 마음이었던가.

『바로보인 전등록』 전 30권의 완역과 더불어 이 『바로보인 선문염송』 30권의 역저로 스승님의 번개 같은 지혜와 후학자를 위한 자비의 빛이 제불보살님, 뭇 선사님들의 광휘와 더불어 스러지지 않을 것을 믿는다.

『선문염송』 30권 중 1권은 대부분 석가모니 부처님께서 보이신 공안으로 이루어져 있다. 당시에 이러한 공안도리로써 제접하셨다니 부처님께서는 시공을 초월한 분이란 것을 증명한 대목이라 아니할 수 없다.

그럼에도 불구하고 공안도리가 마치 석가모니 부처님 당대에는 없었던 조사님들만의 특별한 법인 양 말씀하시는 분들이 많은 것이 안타깝다.

조사님들이 최상승인 조사선 도리로 제창하셨다 하나 부처님과 비교하는 것은 당초에 어리석은 논의라고 본다.

부처님께서 영산회상에서 꽃 들어 보인 소식 하나만 보더라도 그러하다. 여기 어찌 조사선, 여래선을 논하랴.

꽃 들어 보임에 온통 법계라
가섭이 미소지음 흔연히 나뉨없어
이 소식 알런가
덩실 덩실 더덩실

2000년 9월 1일

진성(眞性) 윤주영(尹柱瑛)

서 문

말세가 되어 마(魔)는 강해지고 법(法)은 쇠약해져 사법(邪法)을 추구하는 사람들이 늘어나면서 사법이 무성해지고 세상이 혼란해지니 그 어느 때보다도 정법(正法)이 요구되는 시점이다. 그래서 미력하나마 감히 어둠을 밝히는 등불이 되기를 결심한 터였다.

그런데 부산에 사는 하목원님이 염송번역 본문 두어 권을 가지고 와서 '내가 보아도 번역을 이렇게 해서 되겠나 하는 대목이 많아서 가져왔습니다. 아무리 교화에 바쁘시더라도 스승님께서 틈을 내셔서 번역을 하셔야 되겠습니다.'라고 간곡히 청하여 『선문염송』 번역에 착수하게 되었다.

부처님과 조사님들의 가르침은 오직 깨달음에 뜻이 있다. 그 가르침의 진수만을 진각 국사께서 가려 결집해 놓은 것이 바로 『선문염송』이다. 이 주옥 같은 공안들을 누구나 볼 수 있어야 하는데 한문 원본으로 있거나 부처님들과 조사님들의 근본 뜻과는 먼 번역본들 뿐이니 어떠한 일이 있어도 금생에 완역을 하여 불조의 뜻을 바로 보게 하겠다는 맹세를 스스로 하게 되었다.

그러나 막상 번역에 착수하고 보니 오자는 아님에도 여러 본을 구해놓고 보아도 뜻이 통하지 않는 대문이 많았다. 그럴 때마다 국내 대형 서점을 돌아다니며 옛 한자사전 또는 대형 한자사전을 구해서 조사님 당대에는 그 글자가 어떠한 뜻으로 쓰였는가를 찾고, 그것이 위아래 뜻에 통하는가 관조하여 불조(佛祖)의 본 뜻에 어긋나지 않는 번역이 되도록 최선을 다하였다.

그러나 혹 미비한 점이 있다면 강호제현님들의 명안책언(明眼嘖言)이 있기를 바란다.

이 책이 나오기까지 편집·윤문에 진성 윤주영, 제작·교정에 도명 정행태, 진연 윤인선이 수고한 바에 깊이 감사한다.

또한 이 책을 보는 이들 모두가 성불(成佛)로 회향(回向)되기만을 빈다.

어떻게 회향할 것인가?

옥녀봉 위 흰구름 한가롭고
광암의 저수지 짙푸르다
진연아, 차 한 잔 내오렴

단기(檀紀) 4333년

불기(佛紀) 3027년

서기(西紀) 2000년

무등산인 대원 문재현
(無等山人 大圓 文載賢)

차　례

일러두기

1. 장설봉(張雪峰) 선사님께서 현토한 본을 가지고 번역하되 뜻이 통하지 않는 곳은 동국대 역경원본, 백봉(白峯) 거사본을 모두 참고하여 오자가 없고 본 공안 이치에 어김이 없도록 최선을 다하였다.

2. 위와 같이 여러 본을 두루 살펴보아도 뜻이 통하지 않는 경우에는 그 조사(祖師) 당시에 그 글자가 어떤 뜻으로 쓰였는지 옛 한자 사전을 찾아 번역하였다.

3. 특별한 일화나 선가(禪家)에서 두루 쓰였던 용례를 모르고는 번역할 수 없는 것들은, 중국의 고사성어 사전이나 일본과 중국의 최대 표제어의 선어사전(禪語辭典)에서 찾아 번역하였다.

4. 원문의 한자는 오자(誤字)가 적은 장설봉 선사님께서 현토한 본을 기본으로 입력하였으나, 고자(古字)가 많아서 입력이 어려운 경우 현대에 널리 쓰이는 동자(同字)를 취하여 입력하였다. 또한, 장설봉 현토본에도 오자가 있을 때에는 동국대 역경원본을 참고하고, 여러 중국어사전들을 두루 보아 이를 각주로 달아 후학들에게 도움이 되도록 하였다.

5. 각 칙마다 역저자인 대원 문재현 선사님의 도움말과 시송을 더하여 공안의 본 뜻을 들추어내 놓았다.

6. 제목은 본칙의 핵심이 되는 공안도리로 다시 정하였다. 그것이 마땅치 않을 때는 무엇에 대해 문답하고 있는지를 살펴서 문답의 주제나 소재를 제목으로 하였다.

579칙 한 획

 본 칙

앙산 선사에게 어떤 선승이 하직을 하니, 앙산 선사가 손으로 한 획을 그었다.

그 선승이 가지 않자 앙산 선사가 다시 한 획을 그으니 그제야 떠났다.

仰山 因僧辭 以手 畫一畫 僧 不去 師又畫一畫 僧 乃去

ꩠ 대우지 선사가 이 칙을 들고 말하였다.

앞의 한 획에는 어찌하여 떠나지 않았으며, 나중의 한 획에는 어찌하여 떠났는가? 대우가 그대들을 위하여 남김없이 풀이하리라. 앞의 한 획과 나중의 한 획이 모두 두 획을 이루느니라.

大愚芝 拈 前一畫 爲什麽不去 後一畫 爲什麽却去 大愚爲你注破前一畫與後一畫 都成兩畫

ꩲ 심문분 선사가 상당하여 이 칙을 들고 이어 대우 선사가 이 칙을 들어 말한 것을 들고 말하였다.

알겠는가?

한 획, 한 획이 두 획을 이루니, 삼라만상이 일제히 손뼉을 친다. 미인이 눈썹을 숙이고 노래를 부르니, 좌중에 진취의 기상이 넘치나 행동이 거친 객이 있는 줄 어찌 알았으랴. 앙산 노인과 대우 노인이 힘을 다해 베풀었으나 찾을 곳 없구나.

(불자를 번쩍 일으켜 세우고)

여기에 있구나.

(불자로 한 획을 긋고)

만년토록 이 한 획을 전해 줄 곳이 있는데, 보았는가?

산을 뽑던 힘도 오강[2]에서 다하니 예나 이제나 유유히 부질없는 물거품만 일도다.

---

2) 오강(烏江) : 오강은 항우(項羽)가 목숨을 마친 곳이다. 항우는 진(秦)나라 말기 사람으로 키가 8척이 넘는 장사였다. 한나라 원년에 왕을 명목상의 황제로 삼고 도읍을 정한 후 스스로 서초패왕의 지위에 올랐다. '역발산기개세(力拔山氣蓋世, 힘은 산을 뽑을 수 있고 기개는 온 세상을 덮을만하다)'라고 자신을 노래할 정도의 영웅호걸이었으나, 유방의 계략에 의해 대패하여 모든 군사를 잃은 뒤, 마지막 투혼을 발휘하여 포위망을 뚫고 오강에 이르러 오강을 빨리 건너라는 사공의 권유를 뿌리치고 스스로 목숨을 끊었다.

心聞賁 上堂擧此話 連擧大愚拈 師云 還會麽 一畫一畫 成兩畫 萬像森羅齊應拍 佳人 纔唱翠眉低 那料座中 有狂客 仰山老大愚老 盡力施爲無處討 驀竪起拂子云 在這裏 復以拂子 畫一畫云 萬年這一畫須有分付處 還見得麽 拔山力盡烏江水 今古悠悠空浪花

 대원 문재현은 이 칙을 모두 듣고나서 이르노라.

이 공안을 깨달으려면 무정설법(無情說法)을 들을 줄 알아야 하니, 한 행위에서 그 뜻까지 읽는 사람이어야 한다.

앙산 선사의 한 획을 청산이 이르고
다시 긋는 한 획은 가는 선승이 이르누나
여러분 바로 보아 그르침 없게 하오

580칙 법심도 설법을 할 줄 압니까?

본 칙

앙산 선사가 누워 있는데 어떤 선승이 물었다.

"법신도 설법을 할 줄 압니까?"

앙산 선사가 말하였다.

"나는 말할 수 없다. 따로이 다른 사람이 말할 것이니라."

선승이 다시 물었다.

"말할 수 있는 이는 지금 어디 있습니까?"

앙산 선사가 목침을 내밀었다.

나중에 위산 선사가 이 말을 듣고 말하였다.

"적자가 칼날 위의 일을 희롱하였구나."

仰山 臥次 因僧問 法身 還解說法否 師云 我說不得 別有一人 說得 僧云 未審說得底人 卽今在什麽處 師推出枕子 潙山聞云 寂子 弄劒刃上事

ᔓ 대각련 선사 송

천 길 칼날의 빛, 크게 맑음으로
두 바퀴가 서로 어우러져 진실로 밝게 빛나는구나
앙산이 기틀의 씀을 제대로 제기함이여
사람이 믿는다면 갖추지 않은 이 누굴꼬

大覺璉 頌
劒刀千尋倚大淸
二輪交互詎晶明
寂公提起當機用
誰信人間有不平

Ꮚ 운문고 선사가 이 칙을 들고 말하였다.

위산 선사는 참으로 사랑하는 아기가 추한 줄을 모르는 것과 같구나. 앙산 선사가 목침을 밀어낸 것 이미 허물이거늘, 다시 이름을 붙여 칼날 위의 일이라 하여서, 말이나 배우는 무리들을 현혹되게 하였으니, 곧 이같이 헛된 메아리를 높이 받들어 유통되게 하였다.

나(妙喜)는 비록 물을 빌어 꽃에 바치는 것 같으나 그래도 진리는 잘못 판단하지 않으리니 지금 곁에서 긍정하지 않는 이가 있거든 나오라. 내가 그에게 묻노니 목침을 밀어낸 것이 법신이 설법한다는 것에 맞겠는가?

雲門杲 拈 潙山 直是憐兒不覺醜 仰山 推出枕子 已是漏逗 更着个名字[3] 喚作劒刃上事 誤他學語之流 便恁承虛接響 流通將去 妙喜 雖似借水獻花 要且理無曲斷 卽今 莫有傍不肯者 出來 我要問你 推出枕子 還當得法身說法也無

---

3) '个'와 '介'는 동자(同字)라는 설이 있으나, '箇'자와 동자로 널리 쓰이는 글자는 '个'자이다.

ↂ 송원 선사가 상당하여 이 칙을 들고 말하였다.

앙산 선사가 평상시에 한 가닥 등뼈가 무쇠같이 단단하더니, 그 선승에게 연거푸 두 번 다그침을 당하자 당장에 손발을 다 들었구나.[4] 위산 선사도 한 때 영리하고 잘난 것을 참지 못하여 한쪽 눈을 잃는 줄도 몰랐다.

갑자기 어떤 선승이 나에게 "법신도 설법을 합니까?" 하면 당장에 가슴을 움켜쥐어 한 번 밟아 쓰러뜨렸다가 다시 일어나게 하여 마음이 씻은 듯 상쾌하여 거리낌이 없는 사람이 되도록 해 주리라.

듣지 못했는가?

물소가 달구경을 하니 뿔에 문채가 나고, 코끼리가 우뢰에 놀라니 꽃이 어금니로 들어간다 하였느니라.

松源 上堂擧此話云 仰山 尋常 一條脊梁 硬似鐵 被這僧 連拶兩拶 便乃四稜蹋地 潙山 一期忍俊不禁 不知失却一隻眼 忽有僧 問治父 法身還解說法也無 便與攔胸一踏 踏倒 教伊起來 作个洒洒落落底漢 不見道 犀因翫月紋生角 象被雷驚花入牙

---

4) 원문에 사릉탑지(四稜蹋地)라고 되어 있는데, 이것은 ① 네 각(角)이 바닥에 닿았다 ② 일체를 방하(放下)하여 아무 움직임도 없다 ③ 포기하다의 뜻으로 쓰인다. < 일본 선학대사전(禪學大辭典) > 여기서는 ③의 뜻으로 쓰였다.

 대원 문재현은 이 칙을 모두 듣고나서 이르노라.

밥벌레 선승임을 자처하는구나.

어찌하여 보지도 듣지도 못하는가?
눈 뜨고도 못 보는 당달봉사 자처하니
멀쩡한 귀 지니고도 못 듣는 바보일세
악!
악!
악!

581칙 좋은 비

 본 칙

앙산 선사가 어떤 선승에게 물었다.
"좋은 비지?"
선승이 대답하였다.
"좋은 비입니다."
앙산 선사가 다시 물었다.
"좋은 것이 어디에 있는가?"
선승이 말이 없자 앙산 선사가 말하였다.
"그대가 내게 물어라."
선승이 물었다.
"좋은 것이 어디에 있습니까?"
앙산 선사가 비를 가리켜 보였다.

仰山 問僧 好雨 僧云 好雨 師云 好在什麽處 僧 無語 師云 你問我 僧云好在什麽處 師指雨示之

Ꮚ 육왕심 선사가 이 칙을 들고 말하였다.

앙산 선사가 한 방울의 물 속을 향해서 파란 일으킴을 다하게 했으나 그래도 단지 그 선승을 속였을 뿐이다.

나(顯寧)는 그렇게 하지 않으리니, "좋은 것이 어디에 있는가?" 한다면, "군자도 재물을 좋아하나 도로써 취하느니라." 하리라.

育王諶 拈 仰山向一滴之內 興盡波瀾 要且只瞞得者僧 顯寧 卽不然 好在什麽處 君子愛財 取之以道

ꩡ 운문고 선사가 상당하여 이 칙을 들고 말하였다.

한 사람은 비를 볼 줄만 알았고, 한 사람은 비를 가리킬 줄만 알았다. 자세히 점검해 보건대 마치 말뚝을 박아 놓고 노를 저으려는 것과 같다.

나(育王)라면 그때 그가 "좋은 것이 어디에 있습니까?" 말하면 그에게 "빗방울이 눈동자를 뚫고 콧구멍까지 적셨다."라고 하리라. 혹 어떤 납자가 나서서 "그대(育王) 역시 말뚝을 박고 노를 젓는다." 하거든 그에게 한 쪽 눈은 갖추었다 허락하리라.

雲門杲 上堂擧此話云 一人 只知看雨 一人 只知指雨 子細檢點將來 大似釘樁搖艣 育王 當時 待他道 好在什麽處 只向他道 滴穿眼睛 浸爛鼻孔 或有个衲僧 出來道 育王 也是釘樁搖艣 却許他具一隻眼

ᯅ 자항박 선사가 상당하여 이 칙을 들고 말하였다.

대중에서 모두 말하듯 앙산 선사가 한 점, 한 방울에서 가리켜 보임이, 그 선승에게 빠른 지름길이 되었다 해도 무방하나, 만일 산승의 견해에 의한다면 좋기는 좋으나 조금 모자란다 할 것이다.

만일 구름을 붙들고 안개를 움켜쥐는 자였다면 어째서 강을 뒤집고 큰 산을 거꾸러뜨리는 곳에서 일구(一句)를 이르지 못했을까?

慈航朴 上堂擧此話云 衆中盡道 仰山 只向一點一滴中 指示 者僧不妨徑捷 若據山僧見處 好則好 只是少些个 若是拏雲攫霧底 何不向傾湫倒岳處 道將一句來

 대원 문재현은 이 칙을 모두 들고나서 이르노라.

어찌 비[雨]만이 좋으랴.

도화꽃에 조는 봄빛 좋거니와
알록달록 박새 노래 또한 좋고
토종술에 거나한 농부마저 좋구나

582칙 어느 괘에 해당하는가?

본 칙

앙산 선사가 어떤 선승에게 물었다.

"자네가 아는 것이 무엇인가?"

선승이 대답하였다.

"점을 칠 줄 압니다."

이에 앙산 선사가 주장자를 일으켜 세우고 물었다.

"이것은 64괘중에 어느 괘에 해당하는가!"

선승이 말이 없자, 앙산 선사가 말하였다.

"아까는 뇌천대장(길한 괘)이더니, 이제는 지화명이(흉한 괘)로 변했구나."

仰山 問僧 你會箇甚麽 僧云會卜 師拈起柱杖云 這箇 六十四卦中什麽卦中收 僧無語 師自代云 適來 是雷天大壯 而今 變作地火明夷

ꩲ 심문분 선사가 상당하여 이 칙을 들고 말하였다.

앙산 선사가 귀신의 문턱에서 점을 치다가 뱀이 발을 감고 오르는 것을 깨닫지 못했다. 지금 효상[5]이 이미 드러났으니 길흉을 가려내겠는가?
기틀의 봄을 짓기를 해가 저물도록 기다리지 말라.

心聞賁 上堂擧此話云 仰山 向鬼門上貼卦 不覺騰蛇遶足 而今 爻象已生 還辨得吉凶也未 見機而作 不俟終日

5) 효상(爻象) : 역괘(易卦)에서 길흉을 나타내는 상(象).

 대원 문재현은 이 칙을 모두 듣고나서 이르노라.

쯧쯧, 어느 괘인가 했을 때 다음과 같이 했어야 했다.

스님께서 입을 열어 묻기 전에
이 몸을 보실 때 일렀거늘
어찌하여 듣지를 못하셨소

583칙 여기서 무엇을 합니까?

 본 칙

앙산 선사가 육 시어와 함께 승당에 들어갔는데, 육 시어가 물었다.

"이렇게 많은 스님네들이 모두 죽이나 밥을 먹는 스님네입니까, 참선을 하는 스님네입니까?"

앙산 선사가 말하였다.

"죽이나 밥을 먹는 스님네도 아니요, 참선을 하는 스님네도 아니오."

육 시어가 다시 물었다.

"그러면 여기서 무엇을 합니까?"

앙산 선사가 말하였다.

"시어가 직접 그이에게 물어보시오."

仰山 同陸侍御入僧堂 陸 乃問 如許多師僧 爲復是喫粥飯僧 爲復是參禪僧 師云 亦不是喫粥飯僧 亦不是參禪僧 陸云 在此作什麽 師云 侍御自問他看

ೞ 법진일 선사 송

물어온 말, 몹시 바람 일으킴을 감추지 못했네
얼마나 많은 스님들이 선방에 있었던고
전단숲에는 당초부터 딴 것이 없음을
잠깐 사이 범부가 어찌 쉽게 헤아리랴

法眞一 頌
來問成風頗不藏
幾多龍象在雲堂
栴檀林裏曾無雜
造次凡流豈易量

 대원 문재현은 이 칙을 모두 듣고나서 이르노라.

"그러면 여기서 무엇을 합니까?" 묻고 나서 선사가 입을 열려 할 때 시어는 '할'을 하고 나왔어야 했다.

죽 때는 죽을 먹고 치우고
밥 때는 밥을 먹고 치우니
승당의 일상이 이렇다오

584칙 북을 세 번 치다

본 칙

앙산 선사가 사람을 시켜 방참 북을 세 번 치게 했더니, 방 안에 있던 한 선승이 북소리를 듣고, 역시 법당으로 올라와서 북을 세 번 쳤다. 수좌가 앙산 선사에게 말하였다.

"화상께선 어째서 저 선승을 감정하지 않아서 저렇게 하게 두십니까?"

이에 앙산 선사가 시자에게 말하였다.

"아까 북을 치러 왔던 중을 오라 해라."

시자가 곧 가서 오라고 하자, 그 선승이 따라 승당 앞에까지 와서 문득 시자에게 물었다.

"화상께서 나를 불러 오라 하셨는가?"

시자가 대답하였다.

"그렇소."

그 선승이 소매를 떨치고 승당으로 돌아가버렸다. 시자가 이 일을 선사에게 알리니, 앙산 선사가 말하였다.

"수좌여, 그대를 위하여 그 선승을 감정해 마쳤느니라."

仰山 令人 打放叅鼓三下 堂內一僧 聞鼓聲 亦上法堂 將鼓打三下 首座白師云 和尚 何不勘這僧 爭容得他如是 師令侍者 去請適來打鼓上座來 侍者便去請 其僧 隨侍者至僧堂前 却問侍者 是和尙教來喚否 侍者云 是 其僧 拂袖歸僧堂 侍者廻擧似師 師云 首座 爲你勘破這僧了

∽ 대각련 선사 송

앞의 세 소리에 나중 세 번이여
위쪽에서 쳐서 울리자 아래쪽의 메아릴세
방 가득한 납자들 선타객이 아니라면
드러내놓고 방 안에 모두들 한가히 누워 쉬랴
판두[6] 맡은 사람이 재주가 지나쳐서
손 들고 조수를 희롱하다 삿대 잃은 격일세
눈꺼풀이 힘없이 처져서 뜨려 해도 어려우니
한 근(斤)에서 십삼 량(兩)을 돌려주어야 한다

大覺璉 頌
前三聲後三上　　上方擊動下方響
滿堂雲水不仙陀　　裸體堂中皆偃仰
板頭人足伎倆　　擡手弄潮失篙槳
眼皮𪑳皵擗難開　　一斤須還十三兩

---

6) 판두(板頭) : 당내(堂內) 각판(各板)의 초위(初位)를 말한다. 수자위(首座位), 입승위(立僧位) 등이 있다.

 대원 문재현은 이 칙을 모두 듣고나서 이르노라.

'평지풍파'라는 말 아는가?

짙푸른 보리밭에 햇빛 곱고
창공의 노고지리 노래 속에
문수는 들길에서 웃고 있네

585칙 손 안의 주장자

본 칙

앙산 선사가 앉아서 주장자를 쓰다듬고 있으니, 어떤 선승이 물었다.

"화상의 손 안의 주장자는 어디서 얻으셨습니까?"

앙산 선사가 집어서 등 뒤에 놓자 선승은 말이 없었다.

仰山 按柱杖坐 僧問 和尙手中柱杖 從甚處得來 師乃拈放背後 僧無語

∽ 장산전 선사 송

섭공[7]이 용 그림은 좋아했지만
용을 보고는 도리어 몰랐네
등 뒤는 싸늘한 광채요
눈 앞은 옻같이 검구나
손 안의 것을 이야기하자면
일찍이 새가 날 수 있는 길마저 다했건만
떠돌이 돌중은 문이나 두드리고 있구나

蔣山泉 頌
葉公好畵龍　　見龍還不識
背後冷光生　　眼前黑似漆
手中底若爲論　曾窮飛鳥道
敲遍野僧門

7) 섭공(葉公) : 중국 춘추시대 초의 지방장관 섭공 자고라는 이는 용을 좋아했다. 언제나 용 그림이 그려진 검을 차고 용이 새겨진 장신구를 걸치고 다녔으며, 집안에는 기둥마다 용 그림을 걸고, 용무늬가 든 물건을 사용했다. 그래서 하늘에 있는 용에게까지 그 소문이 미쳤다. 자기 모습을 한 번 보여주겠다고 생각한 용이 이 세상으로 내려와 섭공의 집뜰에 긴 꼬리를 늘어뜨리고 창문에 머리를 들이밀자 섭공은 기겁을 해서 모든 걸 내팽겨치고 달아났다고 한다. 이 일화는 섭공이 좋아한 것은 진짜 용이 아니라 용 그림이었으니 용이 어떤 것인지도 모르고 그저 좋아했을 뿐이라는 이야기이다.

 대원 문재현은 이 칙을 모두 들고나서 이르노라.

한 분은 평지풍파를 만들고 한 분은 그 풍파에 떠내려가는구나.

그러는 앙산 선사를 보았거든
뒷짐 지고 조용히 나오지
공연히 두 입술을 놀렸네

586칙 견해

본 칙

앙산 선사가 어느 날, 향엄 선사를 보고 물었다.
"요즘 사형의 견해는 어떠시오?"
향엄 선사가 대답하였다.
"나의 견해에 의하건대 한 법도 마주볼 정이 없소."
앙산 선사가 말하였다.
"그대의 견해는 아직도 경계에 있는 것이오."
향엄 선사가 말하였다.
"나는 다만 그렇거니와 사형의 견해는 어떠하시오?"
앙산 선사가 말하였다.
"어찌 한 법도 마주볼 정이랄 것이 없는 것을 앎마저 없겠는가."
위산 선사가 이 말을 전해 듣고 말하였다.
"앙산이 뒷날 천하 사람들의 의심을 없애줄 수 있겠구나."

仰山 一日 見香嚴 乃問 近日師兄見處如何 嚴云 據某甲見處 無一

法可當情 師云 你解 猶在境 嚴云 某甲 只如是 師兄 又作麼生 師云 你豈無能知無一法可當情者 潙山 聞云 寂子 已後疑殺天下人去在

ဇ 법진일 선사 송

혜적과 향엄이 견해를 말하는데
듣는 이 더욱더욱 의심케 한다
서로 만났으나 삼 분(分)의 말도 긍정할 수 없으니
어찌 한 조각 곧은 마음마저 온전히 버릴 수 있으랴

法眞一 頌
寂子香嚴論見處
直敎聞者轉疑深
相逢未肯三分語
那得全拋一片心

☁ 현각 선사가 말하였다.

금강경에서 '진실로 한 법도 연등불께서는 나에게 수기를 주신 적이 없노라.' 하였고, 그는 '진실로 한 법도 마주 볼 정이랄 것이 없다.' 했는데, 어째서 그 견해가 아직도 경계에 있다 했을까? 말해 보라. 이로움과 해로움이 어디에 있는가?

玄覺 云 金剛經 道 實無一法 燃燈佛 與我受記 他道實無一法可當情 爲什麽 道解猶在境 且道 利害 在什麽處

ꩲ 위산철 선사가 이 칙을 들고 말하였다.

앞의 화살은 가벼웠으나 뒤의 화살은 더욱 깊으니, 한량없이 죄 없는 사람을 빠져들게 했도다.

潙山喆 拈云 前箭猶輕後箭深 無限平人 被陸沉

ꩲ 원오근 선사가 이 칙을 들고 말하였다.

설사 한 법도 마주볼 정이랄 것이 없더라도 오히려 앙산 선사의 점검을 받았으니, 이 속에서는 아는 이도 알 바도 없으며, 한 법도 없거니와 한 법도 없다 함마저 없어야 하나니, 모름지기 그런 사람이라야 된다.

그러므로 일없는 사람이라고 하나니, 바야흐로 본래부터 일없다 하리라. 이미 본래부터 일이 없었다면 눈앞에 만 가지 경계가 어지러운 것과 육범, 사성은 어디서 생겼는가?

모름지기 통달했다 함마저 초월해야 한다. 그러면 어떤 것이 통달했다 함마저 초월한 구절인가? 앞에서 의기가 넘침을 괴이하게 여기지 말라. 그는 일찍이 높은 관문을 밟았느니라.

圜悟勤 擧此話云 他直得無一法當情 尙遭仰山點檢 到者裏 無能所知 無一法 無無一法 也須是箇人 始得 所以 喚作無事人 方始說本來無事 旣是本來無事 只如目前萬境 擾然 六凡四聖 那裏得來 直須超達 始得 且作麽生是超達底句 莫怪從前多意氣 他家 曾踏上頭關

 대원 문재현은 이 칙을 모두 들고나서 이르노라.

향엄 선사는 그렇다 하고 앙산 선사도 여우의 누린내는 거둬가지 못했다.

중국에서 날아온 황사에도
진달래는 만개의 웃음이고
가지 사이 산새들 지저귀네

낮이면 일터에서 일하고
밤이면 단잠 자는 일상이여,
이러-히 궁전놀이 즐김일세

587칙 이름이 무엇인가?

본 칙

앙산 선사가 삼성 선사에게 물었다.
"그대의 이름이 무엇인가?"
삼성 선사가 대답하였다.
"혜적입니다."
이에 앙산 선사가 말하였다.
"혜적은 내 이름이다."
삼성 선사가 말하였다.
"내 이름은 혜연입니다."
앙산 선사가 크게 껄껄 웃었다.

仰山 問三聖 汝名什麼 聖云慧寂 師云慧寂 是我名 聖云 我名慧然 師呵呵大笑

∽ 설두현 선사 송

쌍으로 거두고 쌍으로 놓음이 근본이 되니
절공[8)]을 요하는 범을 탄 유래여
웃음이 끝나자 어디로 갔는지 알 수 없구나
천고의 자비가풍의 삶일세

雪竇顯 頌
雙收雙放若爲宗
騎虎由來要絶功
笑罷不知何處去
只應千古動悲風

8) 절공(絶功) : 극에 이르른 공력. 더할 수 없는 공력.

ଓ 법진일 선사 송

신통의 유희는 어렵지 않으나
주고받는 민첩한 기세, 볼만하구나
쌍으로 거두고 쌍으로 놓는 시절이여
껄껄대고 크게 웃을 이 몇이던고?

法眞一 頌
神通遊戲不爲難
互換機鋒始可觀
雙放雙收底時節
呵呵大笑幾何般

ↀ 삽계익 선사 송

화살을 메겨 활시위를 당겼으나 과녁이 없음이여
특별히 함곡관[9]을 향해 신호기를 펼침에
만약 오랑캐의 말이 걸음 빠름을 알지 못했다면
정수리에 한 방 금망치를 어떻게 면했으랴

雪溪益 頌
張弓架箭可無機
特向函關展信旗
胡馬若非知步驟
頂門爭免一金槌

9) 함곡관(函谷關) : 진나라의 동쪽 관문.

ꕤ 열재 거사 송

그이가 본래부터 이름을 모르니
누군가가 일러 줘도 미친 체 하네
당연히 문 밖으로 걸어나가
말이나 노새나 만나는 대로 타고 가리

悅齋居士 頌
這漢元來不識名
從敎人道大狂生
想應徒步出門去
逢馬逢驢跨便行

☙ 운문고 선사가 이 칙을 들고 말하였다.

몸을 감추고 그림자를 드러낸 두 사람이, 곁에서 보는 이를 전혀 돌아보지 못하는구나.

雲門杲 拈 兩个藏身露影漢 殊不顧傍觀者

 대원 문재현은 이 칙을 모두 들고나서 이르노라.

교화문의 선지식의 안목이 이 정도는 되어야 하리라. 이 안목을 잘 알아보는 분이 삽계익 선사와 운문고 선사라 하겠다.

이러-히 쌍으로 거두고
이러-히 쌍으로 놓음이여
이러-한 앙산 선사의 웃음일세

588칙 한 가닥 길

 본 칙

앙산 선사가 동사 선사에게 물었다.

"한 가닥 길을 빌어서 저쪽으로 통과하려는데 되겠습니까?"

동사 선사가 말하였다.

"무릇 사문이란 한 길뿐이라 해도 옳지 않거늘, 다시 다른 것이 있겠는가?"

앙산 선사가 말없이 보이니 동사 선사가 도리어 물었다.

"한 가닥 길을 빌어서 저쪽으로 가려는데 되겠는가?"

앙산 선사가 말하였다.

"무릇 사문이란 한 길뿐이라 해도 옳지 않거늘, 다시 다른 것이 있겠습니까?"

이에 동사 선사가 말하였다.

"다만 이뿐이니라."

앙산 선사가 말하였다.

"당나라 천자가 결정한 성은 김씨입니다."

仰山 問東寺云 借一路 過那邊得否 東寺云 大凡沙門 不可只一路也 別更有麼 師良久 東寺卻問師 借一路 過那邊得否 師云大凡沙門 不可只一路也 別更有麼 東寺云 只有此 師云 大唐天子 決定姓金

ꩡ 공수 화상이 이 칙을 들고 말하였다.

앙산 선사가 말없이 보인 것도 스스로 그 추함을 드러낸 짓이요, 동사 선사가 "다만 이뿐이니라." 했으나 도적을 자식으로 잘못 안 격이다.

"무릇 사문이란 한 길뿐이라 해도 옳지 않거늘, 다시 다른 것이 있겠는가?"라고 했으니 여기서 시방을 초월하는 구절을 말할 줄 안다면, 그대 하늘 위와 하늘 아래서 으뜸이라 허락하리라.

空叟和尙 擧此話云 仰山良久 自彰其醜 東寺 只有此 認賊爲子 大凡沙門 不可只一路也 別更有麽 箇裏 道得超方句 許你天上天下

 대원 문재현은 이 칙을 모두 들고나서 이르노라.

풍류 없는 곳에 풍류를 누리는 앙산 선사와 동사 선사 대단하다 하겠으나 이렇게 웃음이 터져나오는 것은 웬일일까나.

앙산 선사와 동사 선사와 공수여
푸른 하늘 산정구름 한가하고
나 이렇게 누각에서 시조일세

589칙 무슨 심보냐?

 본 칙

앙산 선사가 동사 선사를 보러 갔더니 동사 선사가 보자마자 손을 흔들면서 말하였다.

"올라올 필요가 없다. 이미 서로 봤느니라."

앙산 선사가 말하였다.

"이와 같거늘 서로 보았다 하면 도리어 마땅하겠습니까?"

동사 선사가 이에 방장으로 돌아가서 문을 닫아버렸다. 이에 앙산 선사가 위산에 가서 이야기했더니, 위산 선사가 말하였다.

"혜적아! 그게 무슨 심보냐?"

앙산 선사가 말하였다.

"그렇게 하지 않으면 어찌 그를 알아보겠습니까?"

仰山 去見東寺 寺才見 乃搖手云 不用上來 已相見了也 師云 與麼相見 還當也無 寺於是 却歸方丈 閉却門 師歸擧似潙山 山云 寂子是什麼心行 師云若不恁麼 爭識得伊

∽ 보복전 선사가 말하였다.

앙산 선사는 마치 모기가 무쇠소에 오른 것 같았느니라.

保福展 云 仰山 大似蚊子上鐵牛

ꔰ 승천종 선사가 이 칙을 들고 말하였다.

앙산 선사가 동사 선사를 알아보고도 구태여 도리를 이야기한 것이다. 설사 위산 선사가 몸소 갔더라도 동사 선사가 서로 보았다고 한 것에 더 잘 하지는 못했을 것이다.

承天宗 拈 仰山 識得東寺 强說道理 設使潙山 親去 也未能與東寺相見

 대원 문재현은 이 칙을 모두 들고나서 이르노라.

동사 선사여! 그렇거늘 그 말은 어떻게 그때에 지었습니까?

누각엔 달빛이 가득하고
창밖엔 가을빛이 짙구나

불조도 목숨을 잃었는데
시냇물은 다리 밑을 지나고

이러-히 한가한 낙을 그린
시 한 수 읊으면서 즐기네

590칙 복숭아꽃

 본 칙

복주 영운 지근 선사가 위산에 있으면서 복숭아꽃을 보고 도를 깨닫고는 다음과 같이 게송을 읊었다.

30년 동안 검을 찾던 나그네여
몇 차례나 잎이 지고 가지 돋았던고?
복숭아꽃을 한 차례 본 뒤로는
오늘까지 다시는 의심치 않는다네

그리고는 위산 선사에게 이야기하니 위산 선사가 말하였다.

"인연으로 해서 깨달아 사무침을 영원히 물러남이 없이 잘 스스로 보호하여 지녀라."

(어떤 선승이 현사 선사에게 이 이야기를 하니, 현사 선사가 "지당하기는 심히 지당하나 감히 보증하건대 노형은 아직 확철하지 못하다고 하리라." 하였다. 대중들이 이 말을 의심하자 현사 선사가 지장 선사에게 "내가 그렇게 말했는데 당신은 어떻게 생각하시

오?” 물으니 지장 선사가 “계침이 아니었다면 천하 사람들을 몹시 치달리게 했을 것이니라.” 하였다.)

福州靈雲志勤禪師 在潙山 因見桃花悟道 有偈曰

三十年來尋劍客

幾廻落葉幾抽枝

自從一見桃花後

直至如今更不疑

擧似潙山 山云 從緣悟達 永無退失 善自護持(有僧 擧似玄沙 沙云 諦當甚諦當 敢保老兄 猶未徹 衆疑此語 玄沙問地藏 我與麼道 汝作麼生會 地藏云 不是桂琛 卽走殺天下人)

◌ 수산념 선사 송

분명히 30년이 흘러갔건만
복숭아꽃을 인해 깨쳐 새롭게 굴림이여
사람마다 영운 선사의 뜻 알았다 하면
영운 선사가 어떤 사람인 줄 알지 못함일세

首山念 頌
分明歷世三十春
因悟桃花色轉新
人人盡得靈雲意
不識靈雲是何人

ꩰ 수산념 선사가 다시 송하였다.

현사 선사가 한 말을 아는 이 적음이여
밀밀한 상봉이야 다시 의심할 것 없으나
고금의 분명한 뜻, 친히 전하노니
소년들 백발의 아이들이로세

又頌
玄沙道處小人知
密密相逢更莫疑
今古相傳親的旨
少年多是白頭兒

ꩰ 신정인 선사 송

애석하다! 검을 찾던 나그네여
복숭아꽃 봄에 핌에서야 만났다 했네
영운 선사의 한 번 본 곳이여
나를 빙그레 웃게 하네

神鼎諲 頌
傷嗟尋劍客
桃花遇春開
靈雲一見處
令我笑咍咍

∽ 부산원 선사 송

현사 선사가 기강을 세우지 않았더라면
영운 선사의 일이 어찌 온전히 드러났으랴
복숭아꽃에 깨달음을 모두가 같다고 내버려두니
얼마나 되는 사람들이 어림잡아 헤아리며 아직 투철하지 못할꼬
사자가 무리를 떠나니 산천이 고요하고
코끼리왕이 머리를 돌려 걸음에 바다가 맑게 빛나네
두 스님 나란하지 않음, 어느 곳으로 돌아갈꼬
낚싯배 위 사삼랑[10]일세

浮山遠 頌
不是玄沙定紀綱　靈雲那得事全彰
桃花覺了咸皆委　未徹何人共體量
師子離群山岳靜　象王廻步海澄光
二師不竝歸何處　釣魚船上謝三郎

---

10) 사삼랑(謝三郎) : 현사 사비 선사. 속성은 사(謝)씨. 세 아들 중의 하나라서 사삼랑으로 불리웠다. < 중국 불학대사전(佛學大辭典) >
어렸을 때부터 낚시질을 좋아해서 작은 배를 가지고 어부로 지냈다. 당나라 함통 초년(860년) 나이 서른에 갑자기 세상살이가 싫어져 배를 버리고 부용 용훈 선사로부터 머리를 깎고 설봉 의존 선사에게 법을 받았다. < 현사사비선록 >

ೞ 투자청 선사 송

옛 고향 봄동산에 활짝 핀 복숭아꽃이여
분홍 가지에 꽃망울 터짐으로 이 몸을 깨달았네
그대 곁에서 힘을 써 증거하여 허락했으나
얼굴은 활짝 웃는다 해도 속으로는 성을 냈네
안개 낀 푸른 버들엔 꾀꼬리 울음소리요
비에 젖은 석순은 하늘 끝에 기대 섰네
금까마귀 떠나간 뒤, 소식이 없고
나무말 우는 소리, 한과 진을 지났네

投子青 頌
山前桃發故園春
花綻紅枝省此身
證據謝君傍着力
笑顔雖展意生嗔
煙鏁綠楊鸎囀緩
雨侵石笋倚空鄰
金烏放去無消息
木馬嘶聲過漢秦

ᔕ 천복일 선사 송

따뜻한 봄날에 복숭아꽃 곳곳마다 붉음에
영운 선사 천고의 도에 일치했네
현사 선사의 남긴 말, 선의 물음으로 많음이여
남북동서의 길, 끝이 없네

薦福逸 頌
春暖桃花處處紅
靈雲千古道還同
玄沙留語叢禪問
南北東西路莫窮

☁ 장산전 선사 송

복숭아꽃 핀 곳에 홀연 눈쌀을 폈다는데
확철하지 못하다 한 현사선사 참으로 뛰어나네
몇 번이고 광풍이 불어 털어버린 뒤
전과 같이 천만 가지에 불붙음 같아야 하리

蔣山泉 頌
桃花開處忽伸眉
未徹玄沙也大奇
幾度狂風吹擺後
依前似火萬千枝

ᢁ 천장초 선사 송

복숭아꽃 봄에 피기 몇 차례였는데
어째서 오늘에야 비로소 눈 떴다 하는가
영운 선사가 깨달았다고 말하지 말아라
노형은 아직 확철치 못하다 한 것을 꿰뚫어오라

天章楚 頌
桃花春發幾多回
何故今朝眼始開
莫道靈雲曾悟了
老兄未徹試通來

ᗝ 천장초 선사가 다시 송하였다.

몇 차례나 잎이 지고, 몇 번이나 싹 났던가
깨달았다 말하면 도리어 깨닫지 못함 같네
현사 선사가 거듭거듭 일러 점안한 것인데
지금껏 납자들은 의심내어 굴리누나

又頌
幾回落葉幾抽枝
悟了還同未悟時
却謂玄沙重點眼
至今衲子轉生疑

☁ 장산원 선사 송

검술 배운 해가 오래되어 사방으로 다니는데
복숭아꽃 활짝 피어 맑은 봄날씨 한창일세
팔천 명의 오초(吳楚) 군사 용과 범 같은데
한 곡조, 장량의 피리소리[11] 만고에 유명하네

蔣山元 頌
學劍彌年四海行
桃花大笑正春晴
八千吳楚如龍虎
一曲張良萬古名

11) 장량은 한나라를 도와 진나라와 초패왕 항우를 격파하고 중국을 통일하는 데에 큰 공을 세운 한고조 3걸 중의 한 사람이다. 장자방이라고도 한다. 전략에 능한 장량은 초패왕 항우와의 결전 해하(垓下)싸움에서 옥피리로 슬픈 곡조를 불러서 이를 들은 항우의 정예 호위군 8천 명이 모두 고향의 부모를 생각하고 도망가게 만드는 심리전을 벌이기도 하였다.

◌ 취암열 선사 송

복숭아꽃 본 뒤에 의심 없다 하였으나
장한 뜻이라면 원래부터 이것이 그이로세
확철하지 못하다는 현사 선사의 뜻 묻는다면
눈앞의 장물은 당사자가 안다 하리

翠嵓悅 頌
桃花見後謂無疑
壯志由來本是伊
若問玄沙言未徹
現前臟物自家知

ꩠ 도오진 선사 송

영운 선사가 복숭아꽃으로 친절히 봄이여!
빼어난 영민함이 고금의 지혜를 초월했네
뭇별 중의 홀로인 달처럼 밝고 밝아 깨끗하니
날카로운 칼, 밝은 광채를 발함에 활용이 끝없으리
현사선사가 감히 보증하건대 그대는 아직 확철하지 못하다고 했으나
납자들은 한갓 생멸의 말일랑은 쉬어야 하리라
신라에서는 쇠를 때려 달구고 태우다가
연마할 땐 도리어 석 자의 눈[雪]을 쓰네

道吾眞 頌
靈雲桃花見親切　英俊超越古今哲
星簇孤輪明皎潔　利刃精輝用無絶
玄沙敢保君未徹　雲水休話个生滅
新羅打鐵燒却熱　磨礱還用三尺雪

౿ 황룡남 선사 송

이월, 삼월의 햇살이 화창해지니
멀고 가까운 복숭아꽃 나무마다 붉었네
종장이 깨달았지만 아직 확철하지 못하다 함이여
지금껏 전과 같이 봄바람, 웃음짓네

黃龍南 頌
二月三月景和融
遠近桃花樹樹紅
宗匠悟來猶未徹
至今依舊笑春風

ᢁ 황룡남 선사가 다시 송하였다.

용과 코끼리 만남이여 인간세상 무리 아니라
한 번 오거나 한 번 갔나 하면 얕고 깊음 드러냄이다
요새 사람 그 속의 뜻 깨닫지 못하여
잎을 따고 가지 찾으며 번뇌만 더하네

又頌
龍象相逢世不群
一來一去顯踈親
時人不悟其中旨
摘葉尋枝長客塵

ꊸ 황룡남 선사가 다시 송하였다.

한 번 복숭아꽃을 보고는 더 의심치 않는다고 한 일
총림서들 아직 확철하지 않다 한 것도 아울러 아닐세
천지가 나뉘기 전, 일기인 이 사심 없는 공력을 알아야
능히 마른 나무에 가지 돋게 하네

又頌
一見桃花更不疑
叢林未徹是兼非
須知一氣無私力
能令枯木更抽枝

◎ 법진일 선사 송

해마다 복숭아꽃은 옛 가지에 피는데
영운 선사만이 무슨 일로 혼자서 의심 없나 했넌고
능란하게 조사관을 굴렸을 것 같으면
현사 선사가 한 뒷말을 면할 수 있었으리

法眞一 頌
歲歲桃花發舊枝
靈雲何事獨無疑
祖師關捩如能轉
免被玄沙有後詞

ᗢ 진정문 선사 송

뛰어나도다! 복숭아꽃을 한 번 본 뒤에
천차만별에 다시는 의심 없네
현사선사만이 홀로 아직 확철하진 못하다 했으니
자손 중에 몇이나 이러한 대장부일꼬

眞淨文 頌
奇哉一見桃花後
萬別千差更不疑
獨有玄沙言未徹
子孫幾箇是男兒

ↀ 진정문 선사가 다시 송하였다.

옛날에 영운 선사가 보고 깨침이여
붉은 꽃 가지마다 향기롭네
지금도 어디에고 피어있어서
길거리에서도 만나는 것을 누굴 향해 말해줄꼬

又頌
昔日靈雲見悟時
香苞紅萼一枝枝
如今到處還開也
陌上相逢說向誰

○ 동림총 선사 송

복숭아꽃에 영운선사 깨달음을 어떻게 알아야 할꼬
이로부터라면 영운 선사의 보았다는 것은 참다운 것이 못되네
어느 날, 의심하던 의심이 없어졌다 함이여
평생 알던 것을 깨달으니 깨닫고 나서 무엇을 인했다 할 것인가
애써서 칼을 찾던 객, 거듭 만남에 딱 들어맞음이여
번개같이 흐르는 세월을 헛되이 허비하기 몇십 년이었네
웃음을 날리며 현사선사의 아직 확철하지 못하다 함이여
뛰어난 가르침, 천고 후에도 새삼 새로우리

東林摠 頌
桃花爭解悟靈雲　自是靈雲見未眞
一旦不疑疑底事　平生知了了何因
勞尋劍客近三紀　徒費流光幾十春
翻笑玄沙言未徹　特敎千古後方新

☁ 보녕용 선사 송

만 년 솔 밑에서 홀연히 만남이여
나무 뽑고 가시 울린 거센 바람이로다
우습구나! 늦으면 찾을 곳 없음이여
비 섞인 구름 가운데 산꼭대기일세

保寧勇 頌
萬年松下忽相逢
拔樹鳴條浩浩風
堪笑晩來無覓處
崔嵬和雨在雲中

☁ 곤산원 선사 송

봄이 가고 또 봄이 오니
복숭아꽃은 예전처럼 피었구나
금가루가 귀하다지만
눈에 들어가면 곧 티끌이 되나니…

崑山元 頌
春去復春來
桃花依舊開
縱然金屑貴
落眼卽塵埃

ꩰ 불타손 선사 송

해마다 2월이면 복숭아꽃을 보건만
이날 만남에 곧바로 집에 이르렀네
천하에 노니는 이, 아직 확철하지 못함을 찾아내니
어떻게 눈 속의 모래를 집어낼꼬

佛陀遜 頌
年年二月見桃花
此日相逢便到家
天下遊人尋未徹
如何拈却眼中沙

☁ 천동각 선사 송

영운 선사는 복숭아꽃에서 깨달았다 하고
현사 선사는 곁에서 긍정치 않았네
밝고 밝은 이 마음 이러-히 분명하다 하나
몸마저 놓아버린 평온함이 아니기에 꺼리고 꺼린 걸세
놓아서 편안케 하려는가
여덟 량(兩)은 원래가 반 근이고
갈구리 머리와 저울대 꼬리가 평등하네

天童覺 頌
靈雲悟桃花
玄沙傍不肯
昭昭然此心分明
隱隱也放身未穩
放得穩
八兩元來是半斤
鉤頭秤尾能平等

ꔷ 불적기 선사 송

언덕 위의 복숭아꽃, 비단같이 붉더니
반은 물을 따라 떠내려가고, 반은 허공에 떨어졌네
알지 못하누나 많은 참선하는 납자들이여
영운선사가 깨달은 기틀을…[12)]

佛迹琪 頌
陌上櫻桃似錦紅
半隨流水半飄空
不知多少叅玄士
悟得靈雲向上機

12) 원문에 향상기(向上機)라고 되어 있는데, 이는 '향상의 일대사를 체득할 수 있는 소질을 가진 자'라는 뜻이다.

ထ 각범 선사 송

영운 선사가 한 번 봄에 다시 봄 없다 하나
붉고 흰 가지 가지 꽃핀 적도 없다네
고기 낚던 배 위의 객, 참을 수 없었으니
잔잔한 것이 물고기와 새우에 흔들렸네

覺範 頌
靈雲一見不再見
紅白枝枝不着花
叵耐釣魚船上客
却來平地摝魚蝦

ꕤ 승천회 선사 송

초록 받침, 붉은 꽃이 곱디 고와 끌릴 때에
영운선사 한 번 보자 분명하여 의심 없었네
이 속에 확철하지 못했다는 밝고 밝은 곳은
작자인 현사선사만이 알았다 하리

承天懷 頌
蕚綠花紅艶曳時
靈雲一見諦無疑
个中未徹昭昭處
特許玄沙作者知

☁ 삽계익 선사 송

무릉에 날 따숩고, 꽃까지 핌이여
여전히 지난 해 꽃이 지던 자리일세
개울가의 지나는 나그네가 공연히 배회하는데
푸르른 안개에도 매임 없이 길을 올 때
파도는 끝이 없고 물은 넘치는데
사씨네집 사람은 고기 낚는 물가를 떠났네
복숭아는 붉고, 오얏은 희고, 장미는 자주빛임을
봄바람에게 물어도 알지 못하네

雪溪益 頌
武陵日暖花又開　依舊去年花落處
溪頭行客空徘徊　青煙不鏁來時路
波渺渺兮水瀰瀰　謝家人不在漁磯
桃紅李白薔薇紫　問着春風自不知

☁ 숭승공 선사 송

봄이 오니 어디나 모든 꽃이 어여쁜데
영운선사 혼자만 보통 때완 달리 봤네
설령 복숭아꽃이 비단보다 붉어도
어찌 사향노루 저절로 풍긴 향기 같으랴
저절로 풍긴 향기여
물에 들어가야 사람의 키를 안다

崇勝珙 頌
春來在處百花芳
獨有靈雲見異常
縱待桃花紅勝錦
爭如有麝自然香
自然香
要須入水見人長

ෆ 원오근 선사 송

언덕 위에서 봄바람이 웃고 있고
가지 끝이 소식을 누설하며
붉은 빛이 태허를 밝힘이여
어찌 화창한 봄날씨의 힘인들 빌린 것이랴

圜悟勤 頌
陌上笑春風
枝頭漏消息
紅光爍太虛
豈借陽和力

☁ 원오근 선사가 다시 송하였다.

검술을 배운 종사, 이미 의심이 없다거늘
현사선사가 확철하지 못하다고 했으니 가장 신기하네
배운 길마저 쓸어 없애고 살과 뼈까지도 깎아냄이여
격식 밖의 기틀이 번개같이 베어버림일세

又頌
學劍宗師旣不疑
玄沙未徹最新奇
掃除學路刮肌骨
格外之機如電拂

ᔓ 불안원 선사 송

봄이 오면 예전같은 낱낱의 가지여
같은 하늘, 같은 땅의 도임을 의심 말게
확철하지 못하단 말, 사람들아 묻지 말라
나를 새롭게 웃김일세

佛眼遠 頌
春來依舊一枝枝
同地同天道不疑
未徹之言人莫問
令予特地笑嘻嘻

ↀ 운문고 선사 송

복승아꽃 보고서 도 깨쳤다고 모두들 말하나
그 말이 도리어 옳지 못함 알지 못하네
가없는 우주에는 사람들도 많은데
그 어느 남아가 대장부던가

雲門杲 頌
摠道見桃花悟道
此語不知還是無
茫茫宇宙人無數
那个男兒是丈夫

೧ 운문고 선사가 다시 송하였다.

귀신의 관문을 쳐부수니
해가 바로 정오를 맞음일세
한 화살로 붉음에 적중한 마음이여
대지에 한 치 땅도 없음일세

(현사 선사가 "아직 확철하지 못하다."라고 한 말을 송한 것이다.)

又頌
打破鬼門關
日輪正當午
一箭中紅心
大地無寸土
(頌玄沙未 徹之語)

ᯅ 죽암규 선사 송

복숭아꽃에서 검을 찾은 나그네가
말없이 봄바람에 웃고 있네
늙도록 고향엘 못간 이여
머물 집은 해문의 동쪽일세

竹庵珪 頌
桃花尋劒客
不語笑春風
白頭歸未得
家住海門東

ᔓ 죽암규 선사가 다시 송하였다.

감히 장담하건대 노형은 아직 확철하지 못하다 함이여
현사 선사의 이 말씀이 어째서 크게 친절함인가
그대들, 언덕 위의 복숭아꽃 붉음을 보라
집 떠난 사람들의 눈에도 모두 물들었네

又頌
敢保老兄猶未徹
玄沙之言何大切
君看陌上桃花紅
盡是離人眼中血

ↀ 목암충 선사 송

불타는 듯 만발한 복숭아꽃에 웃는 얼굴마저 붉음이여
영운선사가 한 번 보자 진공을 깨쳤네
현사선사가 점검한다고 쓸데없는 말 많았으니
흙 위에다 진흙 얹어 또 한 겹이 되었네

牧庵忠 頌
灼灼夭桃笑臉紅
靈雲一覩悟眞空
玄沙檢點閑多口
土上加泥又一重

☁ 백운병 선사 송

2월달 복숭아꽃이 난만할 적에
영운선사 한 번 보자 다시 의심 없었네
현사선사 확철치 못하단 말 누가 알꼬
콧구멍은 원래가 아래로 뚫렸네

白雲昺 頌
二月桃花爛熳時
靈雲一見更無疑
玄沙未徹誰相委
鼻孔從來向下垂

☁ 심문분 선사 송

현사선사의 기틀을 주무르듯 손가락으로 타는 솜씨를 알고 난 뒤엔
다시는 한 조각도 바람 따라 날림이 없었네
산 남쪽과 산 북쪽, 비단같이 붉음이여
서글픈 유랑(劉郎)은 돌아가지 못하누나

心聞賁 頌
識得玄沙搦捏機
更無一片逐風飛
山南山北紅如錦
惆悵劉郎未得歸

ᯅ 무용전 선사 송

영운선사가 한 번 보고 양 미간 펴질 때
고기 잡는 늙은이 좋은 꾀가 나서 그물을 잡아당김이여
흰 파도 솟구칠 때 한 번 낚시를 던져서
고기, 자라 멋대로 다투게 했다네

無用全 頌
靈雲一見兩眉橫
引得漁翁良計生
白浪起時抛一釣
任敎魚鱉競頭爭

ෆ 묘지곽 선사 송

사자가 다니는데 짝할 것이 없으며
코끼리 가는 곳엔 여우 자취 끊어졌네
양춘곡이 호가곡에 굴러들었다 하나
바람결에 딴 곡조로 변한 것이 아닐세

妙智廓 頌
師子游行無伴侶
象王蹴踏絶狐蹤
陽春轉入胡笳曲
不是風吹別調中

∽ 개암붕 선사 송

영운선사는 지당하고 심히 분명했거늘
현사선사가 갑자기 나타나 귀신눈동자라 함이여
담비 벗기고 술장사 하는 들주막에서
주렴 넘어 꽃 파는 소리 들리네

介庵朋 頌
靈雲諦當甚分明
突出玄沙鬼眼睛
野店解貂沽酒處
隔簾聞得賣花聲

ᔕ 지비자 선사 송

30년을 헛되게 달려서 쫓음이여
잎 지고 싹 돋기 만남이 몇 번이던가
영원히 잃지 말고 잘 보호해 가지라 하나
복숭아꽃 한 번 보곤 다시 의심 없다네

知非子 頌
三十載妄驅馳
逢落葉幾抽枝
永無退失善護持
一見桃花更不疑

∽ 무위자 선사 송

영운선사 우연히 복숭아꽃을 보고
20년만에 고향에 돌아왔네
무슨 일로 현사선사는 바로 보지 못했다 하였는고
죽은 뿌리 갈라져 새싹이 돋는다

無爲子 頌
靈雲偶爾見桃花
二十年來得到家
何事玄沙未相保
枯根株上別抽芽

ᯅ 열재 거사 송

영운선사는 분명하게 복숭아꽃을 보았는데
또 다시 늙은 작가 현사신사를 만났네
몰래 시름겨운 창자를 잡아 심중을 숨김없이 털어놓았으나
서로가 만났거든 조주의 차나 드오

悅齋居士 頌
靈雲端的見桃花
更遇玄沙老作家
暗把愁膓輸寫了
相邀來喫趙州茶

ᔕ 설두현 선사가 말하였다.

('30년 동안 검을 찾던 나그네여'라고 한 것을 들고)
알았는가? 알았는가?

('몇 번이나 잎이 지고 가지 돋았던고?' 한 것을 들고)
납자의 눈, 광명을 잃었구나.

('복숭아꽃을 한 차례 본 뒤로는' 한 것을 들고)
구덩이를 메우고 골짜기를 막는다.

('오늘까지 다시는 의심치 않는다네' 한 것을 들고)
패군의 장수로다.

(주장자를 땅에 세우고 한 번 내리친 뒤)
보라!

雪竇顯 擧三十年來尋劒客 師云 有麽 有麽 幾回落葉又抽枝 師云 衲僧眼光 失却了也 自從一見桃花後 師云 塡溝塞壑 直至如今更不疑 師云 敗軍之將 以柱杖卓地一下云 看

∽ 법화거 선사와 대우지 선사의 문답

법화거 선사가 대우지 선사에게 가니 대우지 선사가 물었다.

"옛 사람이 복숭아꽃을 본 뜻이 무엇인가?"

법화거 선사가 대답하였다.

"굽은 것은 곧은 것을 감추지 못합니다."

대우지 선사가 다시 물었다.

"그것은 그렇고 또 이것은 어떤가?"

법화거 선사가 말하였다.

"큰 거리에서 금을 주웠으나, 이웃 사람인들 어찌 알리오!"

대우지 선사가 다시 말하였다.

"상좌는 알고 있는가?"

법화거 선사가 대답하였다.

"길에서 검객을 만나거든 검을 바칠지언정 시인이 아니거든 시를 바치지 말아야 합니다."

대우지 선사가 말하였다.

"작가인 시객이로다."

법화거 선사가 말하였다.

"한 가닥의 붉은 실을 두 사람이 끕니다."

대우지 선사가 말하였다.

"현사 선사가 지당하기는 매우 지당하다고 한 것은 또 어찌하겠는가?"

법화거 선사가 대답하였다.

"바다가 마르면 마침내 밑이 보이나 사람은 죽어도 마음을 알 수 없습니다."

대우지 선사가 말하였다.

"옳은 말이로다."

법화거 선사가 말하였다.

"누각은 구름을 능가할 기세요, 산봉우리는 푸른 빛으로 층층입니다."

다시 다음과 같은 게송을 바쳤다.

봉황은 되돌아 은하수로 날아오르고
영운 선사의 복숭아나무에 늙은 까마귀 앉았다
고금 사람, 복숭아꽃의 뜻 읊기를 쉬게나
하늘이나 인간이 따를 수 없네

法華擧 到大愚芝處 愚問古人 見桃花意作麼生 曰曲不藏直 云那个且從 這个 作麼生 曰大街 拾得金 四鄰 爭得知 云上座 還知麼 曰路逢劒客須呈劒 不是詩人不獻詩 云作家詩客 曰一條紅線 兩人牽 云玄沙道諦當甚諦當 又作麼生 曰海枯終見底 人死不知心 云却是 曰樓閣凌雲勢 峰巒 疊翠層 復呈頌曰

鳳返自騰霄漢去
靈雲桃樹老鴉捿
古今休頌桃花意
天上人間不可陪

☁ 장로색 선사가 상당하여 말하였다.

지극하도다! 도를 배움에 영운 선사처럼 되어야 하나 30년의 세월을 보낸 적도 없으니, 한 번 깨달음에 마음 밖의 법이 없음이여, 복숭아꽃이 눈에 가득 분분히 떨어진다.

비록 이러하다 하나 회오리바람이 눈에 드는 것을 소홀히 하다가는 특별함을 벗어나기가 도리어 어려워진다.

長蘆賾 上堂云 至哉 學道 是靈雲 不歷年華三十春 一悟更無心外法 桃花滿眼落紛紛 然雖如是 等閑飄入眼 特地出還難

ॐ 보녕용 선사가 상당하여 이 칙을 들고 말하였다.

말해보라. 영운 선사가 끝내 무슨 도리를 보았는가? 깨달아 얻음이란 만 가지 법이 남이 없고 멸함도 없으며 가고 옴도 없어서 공적한 이치라고 하겠는가? 만일 그렇다면 어찌 깨달음인들 있겠는가!

그리고 현사 선사가 그렇게 이른 것은 다시 그를 긍정한 것인가, 긍정치 않은 말인가? 만일 긍정했다면 현사 선사의 안목이 어디에 있으며 만일 긍정치 않았다면 영운 선사의 허물이 어디에 있는가? 대중에서 상량하고 따지는 이가 매우 많으니 그 까닭에 '천 번 듣는 것이 한 번 보는 것만 못하다' 했노라.

보녕도 역시 감히 장담컨대 여러분에게 아직 확철하지 못하다고 하노니 나의 한 게송을 들으라.

영운선사가 홀연히 복숭아꽃에 보았다지만
작가인 현사선사를 만난 것이 다행일세
이 화두에 고금이 응당 떨어지지 말기를
온 세상을 달리는 운수납자에게 맡기네

保寧勇 上堂擧此話云 且道 靈雲 畢竟見什麽道理 莫是悟得个萬法

不生不滅 無去無來空寂之理麼 若與麼 何曾悟在 祇如玄沙恁麼道 爲復是肯他 不肯他 若道肯他 玄沙眼 在什麼處 若道不肯他 靈雲 過在什麼處 衆中商量解會 極多 所以 千聞 不如一見 保寧 亦敢保諸人未徹在 且聽一頌

靈雲忽爾見桃花
賴遇玄沙是作家[13)]
此話古今應不墜
任他雲水走天涯

13) 장설봉 현토본에는 '過'자로 되어 있으나 오자(誤字)로 보인다. '작가인 현사선사를 만난 것이 다행일세'라는 대목의 '만나다'라는 의미로 쓰이므로 동국대 역경원본의 '遇'자를 취했다.

∽ 천동각 선사의 문답

소참 때에 어떤 선승이 물었다.

“영운 선사가 복숭아꽃을 보고 깨친 뜻이 무엇입니까?”

천동각 선사가 말하였다.

“시력이 미치지 못하는 곳에 영운 선사가 부합했었느니라.”

선승이 말하였다.

“그러면 맑은 하늘에 밝은 해이겠습니다.”

천동각 선사가 말하였다.

“영운 선사의 본 곳이 어떻다고 여기는가?”

선승이 대답하였다.

“복숭아꽃을 한 번 보고, 눈에 티가 드는 것을 면치 못하였습니다.”

천동각 선사가 말하였다.

“그대의 눈에도 핏줄이 서 있는가?”

선승이 말하였다.

“지금은 피리와 북을 치지 않습니다.”

천동각 선사가 말하였다.

“눈먼 당나귀를 무리가 따라다녔겠구나.”

선승이 다시 말하였다.

“현사 선사는 어째서 ‘지당하기는 심히 지당하나 감히 보증하건대 노형은 아직 확철하지 못하다.' 하였습니까?"

천동각 선사가 말하였다.

"이것은 납자가 서로 통하는 시절이니라."

선승이 말하였다.

"마치 섣달의 부채와도 같습니다."

천동각 선사가 말하였다.

"영운 선사가 복숭아꽃을 보고 도를 깨달은 것을 모두가 '사물에 즉하여 신령함에 계합하고, 다른 일을 내세워 물건을 드러낸 것이라.' 하는데, 이 무슨 이야기인가? 여기에 이르러서는 일체의 눈을 집어던져 버리고 일체 몸을 놓아버려서 온통인 몸으로 이렇게 오고 철저하게 이렇게 보아야 바야흐로 자기의 마음과 통하고 만상의 본체와 일치한 것이니라.

天童覺 小叅 僧問 靈雲悟桃花意旨如何 師云 眼力不到處 靈雲 却合頭 僧云 正是靑天白日 師云 靈雲見處 作麽生 僧云 一見桃花 未免眼中着屑 師云 上座眼裏 還有筋也無 僧云 而今 不打這鼓笛 師云 瞎驢趁大隊 僧云 只如玄沙 爲什麽 却道諦當甚諦當 敢保老兄未徹在 師云 箇是衲僧廻互底時節 僧云也是臘月扇子 師乃云 靈雲 見桃花悟道 盡道 卽物契神 託事顯物 是什麽說話 到這裏 拈却一切眼 放下一切身 通身伊麽來 徹底伊麽見 方與自己 心通 萬像體合

☁ 설봉요 선사가 상당하여 말하였다.

복숭아꽃 화사하게 피니, 영운 선사의 웃음이 멈추지 않는다. 봄바람에 향기가 길에 가득한데 꽃은 옛 가시에 달렸다. 바로 이럴 때에 지당하고 심히 지당하거늘 현사 선사는 어찌하여 '감히 보증하건대 노형은 아직 확철하지 못하다.'라고 하였을까?

알겠는가?

범지가 버선을 뒤집어 신으니 사람들 모두가 잘못 신었다 하였다. 남의 눈을 찌를 수는 있겠지만 자기 바탕을 가릴 수는 없느니라.

雪峰了 上堂云 爛熳桃花發 靈雲 笑不休 春風 香滿路 花在舊枝頭 正恁麽時 諦當甚諦當 玄沙爲什麽 却道敢保老兄未徹在 還會麽 梵志翻着襪 時人 盡道錯 寧可刺你眼 不可隱我脚

ᘛ 운대정 선사가 상당하여 말하였다.

2월에 복숭아꽃이 곳곳에 피어 바람 불자 조각조각 이끼 위에 떨어진다.

영운 선사가 다른 사람들을 몹시 속이니 지금껏 배에 가득 의심들을 품고 있다.

옛날에 영운 선사가 대중에 있기 30년까지 깨달은 바가 없더니, 어느 날 나갔다가 복숭아꽃을 우연히 보고 홀연히 도를 깨닫고는 게송 읊기를 '30년 동안 검을 찾던 (중략) 지금껏 의심치 않는다.' 했으니 대중들이여, 영운 노장의 그런 이야기가 의심 없는 경지를 얻은 것인가, 아닌가?

그러므로 '밥을 이야기해도 배가 부르지 않고, 그림의 떡으로는 배를 채울 수 없다.' 하였으니 입으로 지껄이는 빛과 소리로 어떻게 의거할 수 있겠는가? 150년 동안 내버려두어 아무도 그를 점검하지 않았구나.

오늘 운대가 이르노니 영운 노장이 그때 깨달아 들기는 했으나 복숭아꽃이 눈 속으로 뚫고 오고, 뚫고 가는 것을 면치 못했도다.

雲臺靜 上堂云 二月桃花處處開 風吹片片落莓苔 靈雲 賺殺他家子直至如今 滿肚猜 昔日靈雲和尙 在衆三十年 無入頭處 偶因一日 出

行 遇見桃花 忽然悟道 乃有頌云云 玆大衆 只如靈雲老漢與麽語話 還得無疑也未 所以道 說食 不當飽 畵餠 不充飢 口頭聲色 有什麽憑准 一百五十年來 放過 無人撿點他 雲臺 今日道 靈雲老漢 當時 雖然得箇入處 也不免被桃花眼裏穿來穿去

ꕤ 설두녕 선사가 이 칙을 들고 말하였다.

그런 즉 열반묘심은 밝히기 쉽지만 차별지는 밝히기 어렵다. 영운 선사가 본 곳은 그만두고, 현사 선사의 그런 말의 속뜻은 무엇인가?
(잠잠히 있다가)
일찍이 방랑하던 나그네는 나그네를 더욱 가엾이 여기고, 술을 좋아하는 이는 취한 사람을 가엾게 생각하느니라.

雪竇寧 拈 然則涅槃心 易曉 差別智 難明 靈雲見處 卽且置 只如玄沙恁麽道 落在什麽處 良久云 曾爲浪客偏憐客 爲愛貪盃惜醉人

∽ 대평연 선사가 이 칙을 들고 말하였다.

무엇을 지당하다 하는가? 다시 30년을 참구해야 되리라.

大平演 拈 說甚麽諦當 更叅三十年 始得

ය 자수 선사가 상당하여 이 칙을 들고 말하였다.

말해보라. 어디가 영운 선사가 아직 확철하지 못한 곳인가? 정수리의 안목을 갖춘 이는 듣자마자 알겠지만 뒤통수에 눈썹이 달린 이는 지금도 역시 어찌할 바를 모르고 허둥지둥할 것이다. 알겠는가?

30년 동안 발길 닿는 대로 돌아다니다가 하루아침에 시비의 구덩이를 초월했다. 복숭아꽃은 해마다 물결 따라 흐르나니 곁의 사람이 잡아 제멋대로 길을 다투게 놔둔다.

慈受上堂擧此話云 且道 那裏 是靈雲未徹處 頂門具眼底 擧着便知 腦後安眉者 猶懷罔措 還會麽 三十年來信脚行 一朝跳過是非坑 桃花歲歲隨流水 一任傍人把路爭

ᔕ 장산근 선사가 이 칙을 들고 말하였다.

천 근의 쇠뇌로 새앙쥐를 쏘지 않는다. 영운 선사는 이미 하늘의 관문을 흔들었고 현사 선사는 땅을 들어 뒤집었다.

말해보라. 어디가 아직 확철하지 못한 곳인가? 관문을 꿰뚫는 안목을 가진 이는 가려내보라.

蔣山勤 拈 千鈞之弩 不爲鼷鼠而發機 靈雲 旣撥動天關 玄沙 乃掀翻地軸 且道 那个是未徹處 具透關眼者 試請辨看

☁ 장산근 선사가 이 칙을 들고 다시 말하였다.

노래가 고상할수록 화답하는 이가 더욱 드물다 하니 설곡과 양춘곡[14]이다. 살인도와 활인검은 만물을 이롭게 하는 요긴한 것일 뿐인데, 어떤 이는 아직도 보고 듣는 데 사로잡혀 말을 따라 알음알이를 내어 문득 헐뜯는 말이라고 하며 태양 아래에서는 등불이 홀로 이미 광채를 잃은 줄 전혀 알지 못하는구나. 끝내 어디가 아직 확철하지 못한 곳인가?

항아리 속의 세월이 장구하다.[15]

又拈 唱彌高和彌寡 雪曲陽春 殺人刀活人劍 利物之要 有般底 尙拘聞見 隨語作解 便說相謾 殊不知日下孤燈 已失光炤 畢竟什麽處是未徹處 壺中日月長

---

14) 설곡과 양춘곡 : 양춘백설곡(陽春白雪曲)이라고도 한다. 유명한 초나라의 가곡으로 곡조가 고상해서 따라 부를 수 있는 자가 거의 없었다고 한다. 춘추시대에 초나라에서 어떤 나그네가 하리(下里)와 파인(巴人) 노래를 부르니 수천 명이 따라 불렀고, 양아(陽阿)와 해로(薤露) 노래를 부르니 몇백 명이 따라 불렀는데, 양춘(陽春)과 백설(白雪) 노래를 부르니 몇십 명밖에는 따라 부르지 못했다는 고사가 전한다. 문선 송옥 대초왕문(文選 宋玉 對楚王問) 권 45에 기록되어 있다.

15) 한(漢)나라 때, 신선 호공(壺公)이 시장에서 약장수를 하면서 장이 파하면 그때마다 항아리 속으로 들어가므로 시장의 비장방(費長房)이라는 이가 그를 따라 항아리 속으로 들어가보니 거기에 신선세계가 펼쳐져 있었다는 고사에서 온 말이다. 도가(道家) 신선의 유유한가하고 청정한 무위의 생활을 비유하는 말로 쓰인다.

☁ 백운병 선사가 이 칙을 들고 말하였다.

영운 선사가 깨달은 곳은 만법을 다한 궁극의 근원이요, 현사 선사가 제기한 것은 천 가지 차별을 꼼짝도 하지 않고 끊는 요긴한 길이라. 한 번 폄에 한 번 거두어들이고, 한 번 부름에 한 번 화답함이 마치 손을 맞잡고 높은 산에 오르는 것 같다.

그러나 길에서 검객을 만나거든 검을 내놓을 것이요, 시인이 아니거든 시를 바치지 말 것이니라.

白雲昺 拈 靈雲悟處 窮盡萬法根源 玄沙稱提 坐斷千差要路 一舒一卷 一唱一酬 大似把手上高山 雖然如是 路逢劍客須呈劍 不是詩人不獻詩

 대원 문재현은 이 칙을 모두 들고나서 이르노라.

영운 선사는 그렇다 치고 현사 선사야말로 지극하고 지극하나 하늘을 향해 침을 뱉는 이를 생각케 하니, 식자우환(識字憂患)이란 단어가 떠오르는구나.

가을 하늘 흰구름, 나르는 학이고
잔잔한 호수 속에 코스모스 추는 춤
습득의 웃음으로 이러-히 거니노라

591칙 천지가 열리기 전

본 칙

영운 선사에게 경청 선사가 물었다.

"혼돈하여 천지가 열리기 전엔 어떠합니까?"

영운 선사가 말하였다.

"돌기둥이 아기를 배었느니라."

경청 선사가 다시 물었다.

"천지가 열린 뒤는 어떠합니까?"

영운 선사가 말하였다.

"조각구름이 맑은 하늘에 점을 찍었느니라."

경청 선사가 말하였다.

"맑은 하늘에도 점이 찍힐 수 있습니까?"

영운 선사가 대답하지 않자, 경청 선사가 말하였다.

"이러한 즉 중생으로 옴도 없습니다."

영운 선사가 역시 대답하지 않자, 경청 선사가 말하였다.

"당장에 순수하고 맑아서 점마저 끊긴 때엔 어떠합니까?"

영운 선사가 말하였다.

"참되고 항상함이 물흐르듯 하느니라."

경청 선사가 말하였다.

"어떤 것이 참되고 항상함이 물흐르듯 하는 것입니까?"

영운 선사가 대답하였다.

"거울이 항상 밝은 것 같으니라."

경청 선사가 말하였다.

"초월해서는 초월했다는 것마저 없음에도 일이 있습니까?"

영운 선사가 대답하였다.

"있느니라."

경청 선사가 말하였다.

"어떤 것이 초월해서는 초월했다 함마저 없는 경지의 일입니까?"

영운 선사가 말하였다.

"거울마저 때려 부숴버린 데서 서로 함께 보아야 하니라."

(어떤 책에는 장생이 장경에게 물었다고 하였다.)

靈雲 因鏡淸問 混沌未分時如何 師曰 露柱懷胎 淸云 分後如何 師曰 片雲 點大淸 淸云 大淸 還受點也無 師不對 淸云 恁麽則含生 不來也 師亦不對 淸云 直得純淸絶點時如何 師曰 猶是眞常流注 淸云 如何是眞常流注 師曰 似鏡常明 淸云 向上 更有事否 師曰有 淸云 如何是向上事 師曰 打破鏡來 與子相見(一本長生問長慶)

○ 취암종 선사 송

한밤에 서리 어려 별이 차갑고
긴 하늘 구름 다한 산에 달이 진다
푸른 하늘, 방망이 먹일 줄은 사람들 다 알지만
창룡의 뼈마저 버림을 누가 능히 깨달을꼬
황금봉황은 옥쇄관을 부딪쳐 열고
기린은 황금줄을 끌어당겨 끊는다
아득한 겁 밖이거늘 누가 능히 구속하랴
남・북・동・서마저 멀리 초월했거늘…

翠嵓宗 頌
午夜霜凝星斗寒　長空雲盡山月落
青天喫棒人盡知　蒼龍退骨誰能覺
金烏衝開玉鏁關　麒麟掣斷黃金索
迢迢劫外孰能拘　南北東西逈超卓

ꩰ 천동각 선사가 이 칙을 들고 말하였다.

나뉜 때나 나뉘기 전이여, 옥틀이 밤에도 움직인다.
점찍고 점찍히지 않음이여, 금북을 몰래 던진다.
곧 이 한 빛이 순수하고 맑을지라도 십 분의 편안함은 못되리니 말해보라. 거울마저 쳐부숴버린다면 어느 곳을 향해 서로 볼꼬. 알겠는가?
맑은 가을에 달이 광채를 머금은 뒤요, 물 속의 창룡이 뼈마저 뽑아버린 때니라.

天童覺 拈 分與未分 玉機夜動 點與不點 金梭暗抛 直是一色純淸 未得十成安穩 且道 打破鏡來 向什麽處相見 還會麽 淸秋老兎呑光後 湛水蒼龍 蛻骨時

ꕤ 천동각 선사가 소참 때에 다시 말하였다.

우리 불법이 진실로 도달해야 할 곳은 모름지기 바로 이때라는 때마저 다하고 공겁마저 온전히 초월해야 하는 것이니, 한 때에 이러-히 벗은 듯 놓아버리면 시방에 벽을 두른 곳 없이 단번에 방위와 모퉁이가 끊기리니, 이 어찌 적나라하게 드러난 것이 아니겠는가.

거기서 가려내고, 묘함을 체득하여 뛰어나면, 일체의 생과 사의 그림자가 함께 서지 못하고, 일체의 도리와 명칭도 함께 붙일 수 없으리니, 붙일 수 없는 곳이 곧 너의 온통 몸이요, 너의 콧구멍이니라.

보지 못했는가? 경청 선사가 영운 선사에게 물었다. "천지가 열리기 전에는 어떠합니까?" 하여 "서로 함께 보아야 하니라." 하는 데 이르렀으나 여러분, 체득했다는 것마저 다하였을 때에는 비록 공하나 공마저도 얻을 수 없어서 돌기둥이 아기를 밴 시절임을 비로소 알 것이요, 털끝만큼이라도 자리를 옮기면 바로 조각구름이 맑은 하늘에 점찍는 시절임이 명백하겠지만 천연한 맑음은 끝내 점찍힘을 받지도 않느니라.

영운 선사가 여기에 이르러서는 혀를 댈 수도 없어서, 중생으로 온 적도 없다 하자 곧바로 입을 다물었다. 당장에 순수하게 맑아 티가 끊어졌을 때에는 거울이 영원히 밝은 것 같으니, 참되고 항상

함이 물흐르듯 하는 이런 때에 가려냄이 명백하고, 이런 곳에 지혜로운 작용이 있다 해도 모름지기 초월해서는 초월했다 함마저 없는 데에서 다시 일이 있는 줄 알아야 하는 것이다. 그러므로 "거울마저 때려 부숴버린 데서 서로 함께 보아야 하니라."라고 했다. 여기에서 광채와 그림자를 초월하고 공훈이라 할 것마저 없어야 바야흐로 그 사람과 하나가 되리라.

명안이 말하기를 "다 비추어 체득했다는 것에도 의지함이 없으면 온통 몸인 대도와 하나가 된다." 하였느니라.

又小叅 云 吾佛法中 眞實到處 直須及盡今時 全超空劫 向那時脫然放得下 十方 無壁落 一亘絶方隅 豈不是露躶躶 處於其間 辨 得出體得妙 一切生死影像 俱立不得 一切道理名言 俱着不得 於着不得處便是你渾身 便是你鼻孔 豈不見 鏡淸 問靈雲 混沌未分時如何 至與子相見 兄弟 體得盡个時 雖空 空他不得 方見露柱懷胎底時節 明白稍移蹤 便見片雲點大淸底時節 大淸 終不受點 靈雲 到遮裏 捸舌不得 含生 不來時 直是口門窄 直得純淸絶點 似鏡長明 猶是眞常流注伊麽時 有辨白 伊麽處 有智用 須知向上 更有事在 所以道 打破鏡來與子相見 者裏 出光影 斷功勳 方與那人合 明安 道 照盡體無依 通身合大道

ꕤ 장산근 선사가 이 칙을 들고 말하였다.

장생은 잘 물었고, 장경은 잘 대답했다. 아교와 칠이 섞이고 물과 젖이 섞임일세. 보지 못했는가? 옛 사람이 송하였다.

몸이 형상없는 가운데서 태어나니
마치 요술로 모든 것을 내는 것과 같다
요술로 된 사람이라 마음과 뜻, 본래 없어서
죄와 복도 모두 공하여 머문 곳 없다

이 게송의 뜻을 밝히면 두 노숙의 문답을 보아서 부모에게서 태어나기 전의 모습을 보리라.

이미 태어난 뒤라 해도 전체가 드러남이니, 말해보라. 거울마저 부숴버리고 어떻게 서로 보겠는가.

(손바닥을 비비고)

마쳤다.

蔣山勤 拈 長生 善問 長慶 善答 膠漆 相投 水乳相合 不見 古者道
身從無相中受生
猶如幻出諸形相

幻人心識本來無

罪福皆空無所住

若明此个頌 便見二老宿問答 始知父母未生已前 既生之後 全體露現 且道 打破鏡來 如何相見 撫掌云 了

೧ 목암충 선사가 이 칙을 들고 말하였다.

두 존숙이 본분의 큰일을 밝혀냈으니, 끊어내고 갈아내고 쪼아내고 문지른 것 같아서 확실하나 해도 무방하겠지만 살펴서 점검해 보건대 마치 살에 붙은 더러운 적삼을 능히 몸에서 벗지 못한 것 같이 하였다.

이 일이 보통 사람으로 하여금 말을 따라 분별하기를 천지가 열리기 전이니 하는 계교를 내게 하고, 거울마저 부수어버린 곳이라는 도리를 말하게 했으니, 나귀해에나 깨달으리라.

만일 목암의 견처에 의한다면 무엇을 천지가 나뉜 뒤니 나뉘기 전이니, 무슨 거울마저 깨뜨리니 깨뜨리지 않느니 하겠는가?

설사 돌기둥이 아기를 배는 경지를 깨달았다 하여도 바로 조각구름으로 맑은 하늘에 점을 찍는 꼴이니라.

여러분, 끝내 알겠는가?

(잠잠히 있다가)

허공이 땅에 떨어지거든 그대에게 말해주리라.

牧庵忠 拈 二尊宿 發明本分大事 可謂如切如瑳 如琢如磨 不妨端的 撿點將來 大似貼肉汗衫 未能脫體 致使有般漢 隨語生解 便向混沌未分時生計較 打破鏡處 說道理 驢年解悟去 若據牧庵見處 說什麽混沌

分與未分 打鏡破與不破 直饒你向露柱懷胎處[16] 會得 正是片雲 點大清裏 諸仁者 畢竟還委悉麽 良久云 待虛空落地時 却向汝道

16) 장설봉 현토본에는 '壞'자로 되어 있으나 오자(誤字)로 보인다. '돌기둥이 아기를 배었다'는 대목의 '배었다'는 의미로 쓰이므로 동국대 역경원본의 '懷'자를 취했다.

 대원 문재현은 이 칙을 모두 듣고나서 이르노라.

두 노숙이시여, 잠이나 주무시지 그랬습니까.

주금산 정상에는 흰구름 한가하고
서늘한 계곡가에 여름새 노래일세
한산의 놀이가 이렇다고 하노라

592칙 나귀의 일이 가지 않았는데, 말의 일이 닥쳐왔느니라

 본 칙

영운 선사에게 어떤 선승이 물었다.

"어떤 것이 불법의 대의입니까?"

영운 선사가 말하였다.

"나귀의 일이 가지 않았는데, 말의 일이 닥쳐왔느니라."

선승이 뜻을 깨닫지 못하여 다시 드리워 보이기를 청하니, 영운 선사가 말하였다.

"채색의 기운은 밤에도 항시 움직이고, 정령[17]이거늘 낮인들 만나기 어려우랴."

靈雲 因僧問 如何是佛法大意 師云 驢事未去 馬事到來 僧 未喩旨 再請垂示 師云 彩氣 夜常動 精靈 日少逢

17) 정령(精靈) : 빼어나고 영묘한 기운. 우주만물의 근원.

◌ 장산전 선사 송

나귀의 일이 가지 않았는데 말의 일이 닥쳐옴이여
종소리 끝나자 북소리가 재촉함일세
조사가 화라반[18]을 즐겨 먹는데
북쪽에는 문수가 있는 오대산이 있다네

蔣山泉 頌
驢事未去馬事來
鐘聲才斷鼓聲催
祖師愛喫和羅飯
北有文殊在五臺

18) 화라반(和羅飯) : 스님들이 7월 15일날 안거생활 후에 3일간 공양하는 음식. 뜻은 자유스럽게 맘대로 먹는 음식. 원래 바화라반이며 화라반은 준말이다.

∽ 보녕용 선사 송

동쪽으로 갈 때는 서쪽으로 가는 이로움은 보지 못하고
남쪽에서 싸게 사서 북쪽에서 비싸게 판다
가로 천, 세로 백인 항하사를 셈이여
구구가 뒤집으면 팔십이를 이루네

保寧勇 頌
東行不見西行利
南頭買賤北賣貴
橫千竪百算河沙
九九翻成八十二

ↀ 육왕심 선사 송

나귀의 일이 가지 않았는데 말의 일 닥침이여
가고 옴이라 하면 먼지 밟음 못 면하리니
그 어찌 한산이 습득을 만나서
손뼉치고 껄껄대며 웃은 것만 하겠는가

育王諶 頌
驢事未去馬事來
去來未免涉塵埃
爭似寒山逢拾得
相逢撫掌笑咍咍

☁ 심문분 선사 송

나귀 앞, 말 뒤에서 영운 선사를 알고나니
눈앞에 가득한 바람에도 먼지 하나 없어라
천태산과 안탕산을 두루 다니고
돌아와 또 다시 금강의 봄구경일세

心聞賁 頌
驢前馬後識靈雲
滿眼風埃絶點塵
行遍天台幷鴈蕩
歸來重看錦江春

 대원 문재현은 이 칙을 모두 들고나서 이르노라.

영운 선사의 자비 어찌 팔대 독자를 생각하는 어머니에만 비하랴만 눈먼 선승, 거듭 묻고 있구나. 당시에 이 사람이었다면 두 번 다 내리쳤을 것이니라.

동서남북 사방 벚꽃 화려하고
붉고 노란 나비들 춤이로세
어느 것이 영운 설법 아니던가

593칙 신을 벗어서 던지다

 본 칙

영운 선사가 어떤 선승에게 물었다.

"어디로 가는가?"

선승이 대답하였다.

"설봉으로 갑니다."

이에 영운 선사가 말하였다.

"나에게 편지 하나가 있으니, 설봉 선사에게 전해 다오."

선승이 대답하였다.

"주십시오."

영운 선사가 신을 벗어서 그의 앞에 던지니 그 선승이 떠나서 설봉 선사에게로 갔다. 설봉 선사가 물었다.

"어디서 오는가?"

선승이 대답하였다.

"영운 선사에게서 옵니다."

설봉 선사가 물었다.

"화상께서 평안하시던가?"

선승이 대답하였다.

"편지를 맡기셔서 가지고 왔습니다."

신을 벗어서 설봉 선사의 앞에 던지니 설봉 선사가 그만두었다.

靈雲 問僧 甚處去 僧云 雪峰去 師云 我有一信寄雪峰 僧云便請 師脫履抛向面前 僧 便去 雪峰 問 甚處來 云 靈雲來 云 和尚安否 云 有信相寄 道了 脫履抛向面前 峰 休去

ᯅ 위산수 선사가 이 칙을 들고 말하였다.

설봉 선사는 이미 온 편지가 분명한데 능히 빠르지 못했고, 그 선승도 다만 본에 의해 형상을 그릴 줄만 알아서 영운 선사를 둔하게 만들었다.

만약 그때 영운 선사가 "나에게 편지 하나가 있으니 전해 다오." 해서 그 선승이 "주십시오." 할 때에 영운 선사가 그저 자리에 앉아 있었더라면 그 선승이 어떤 방법으로 전했겠는가?

대장부로서, 사람들을 위하여 전하여 통하게 하는데, 그에게 한마디도 하지 않은 것은 옳지 않다.

潙山秀 拈 雪峰 旣不能弁他來信端的 者僧 又只知依模畫樣 鈍置他靈雲 忽若當時 道我有一信寄他 云便請 靈雲 只據坐 這僧 又若爲通路 不可大丈夫漢 爲人馳達 敎他一言不措

 대원 문재현은 이 칙을 모두 듣고나서 이르노라.

신을 던졌을 때 그 선승은 “그런 구차함을 써서 뭐하겠습니까? 잘 전하겠습니다.” 했어야 했고, 설봉 선사는 “드러난 서신이었으니 그대는 가져온 서신의 내용을 말해보라.” 했어야 했다.

어진 말은 채찍 들면 곧 달리는데
흙덩이 쫓아가 문 개라고
등대가 이르면서 비웃네

594칙 불자(拂子)를 세우다

 본 칙

영운 선사에게 어떤 선승이 물었다.

"부처님께서 세상에 오시기 전엔 어떠합니까?"

영운 선사가 불자를 일으켜 세웠다.

그 선승이 다시 물었다.

"부처님이 세상에 오신 뒤엔 어떠합니까?"

영운 선사가 역시 불자를 일으켜 세웠는데, 그 선승이 긍정치 않고 떠나 설봉 선사에게로 가서 이야기를 했다.

이에 설봉 선사가 말하였다.

"그대는 물어라. 내가 일러 주리라."

그 선승이 얼른 물었다.

"부처님이 세상에 오시기 전엔 어떠합니까?"

설봉 선사가 불자를 일으켜 세우자, 선승이 다시 물었다.

"부처님이 세상에 오신 뒤엔 어떠합니까?"

설봉 선사가 불자를 내려놓자 그 선승이 절을 하거늘 설봉 선사가 곧바로 때렸다.

그 선승이 나중에 현사 선사에게 이야기했더니 현사 선사가 말하였다.

“그대여, 알겠는가?”

선승이 말하였다.

“모르겠습니다.”

“내가 그대에게 비유 하나를 들어서 설명하리라. 내가 한 뙈기 밭을 파는데 사방언덕 경계에 이르는 것은 모두 상대방의 것이거니와 복판의 한 그루 나무는 나에게 속하여 있느니라.”

靈雲 因僧問 佛未出世時如何 師竪起拂子 僧云 出世後如何 師亦竪起拂子 其僧 不肯 到雪峰 乃擧前話 峰云 你問我 與你道 僧 便問佛未出世時如何 峰 竪起拂子 僧云 出世後如何 峰 放下拂子 僧 禮拜 峰 便打 其僧 後 擧似玄沙 沙云 你還會麽 僧云 不會 沙云 我與你說个比喩 如人 賣一片田地 四至界畔 摠屬汝了也 中心樹子 猶屬我在

◎ 운문고 선사 송

조상의 밭과 동산까지 다 팔아버렸으니
사방의 경계에도 머물 것 없다네
어찌하여 복판에 한 그루 나무 있건만
봄바람에 휘둘림을 끊지를 못하는고

雲門杲 頌
祖父田園都賣了
四邊界至不曾留
奈何猶有中心樹
惱亂春風卒未休

ꊱ 죽암규 선사 송

모든 것이 왕노사를 따르므로
복판의 나무는 너에 속해 있지 않다 함이여
광액도아가 부처를 이루고
이조 대사는 빚 갚았느니라

竹庵珪 頌
萬事由王老師
樹子未屬你在
廣額屠兒成佛
二祖大師償債

ꔰ 열재 거사 송

들고 놓음에 친소가 있다고 한다면
여전히 암자에 묵고 있는 나그네라
설봉 선사는 밥 먹기 전에 행임[19]을 나누어주고
영운 선사는 차 마신 뒤에 도인[20]을 요구한 격일세

悅齋居士 頌
若言擧放有疎親
猶是庵頭寄宿人
雪老齋前行餡子
靈雲茶罷點桃仁

19) 행임(行餡) : 익은 음식. 밥 먹은 뒤 입가심 정도로 먹는 것.
20) 도인(桃仁) : 복숭아씨의 속알갱이. 차를 먹기 전에 먼저 먹고 차를 마신다.

ꩰ 운문언 선사가 이 칙에서 영운 선사가 재차 불자를 일으켜 세웠다고 한 것까지 들고 말하였다.

앞의 것은 확실하다고 하고, 뒤의 것은 마땅치 않다 할 것인가?
(또 말하기를)
세상에 오셨다거나 오시지 않았다고도 말할 수 없다. 어느 곳에 한 번 물을 시절인들 있으랴.

雲門偃 擧此話 至雲亦竪起拂子 師云 前頭 却實 後底 打不着 又云 不說出不出 何處 有一問時節

ꩰ 위산철 선사가 이 칙을 들고 말하였다.

그 선승이 활 하나를 메고 두 개의 화살로 천하를 어지럽게 흔들려 하였으나 현사 선사의 앞에 가서는 한 가지 기량도 펼치지 못했다.
무슨 까닭인가? 학은 구고[21]에서 날아오르기 어렵고, 말은 천 리나 아득한 바람을 좇을 수 없기 때문이니라.

潙山喆 拈 這僧 一張弓 兩隻箭 擬撥亂天下 至玄沙面前 一个伎倆施展不得 何故 鶴有九皐難翥翼 馬無千里謾追風

21) 구고(九皐) : 깊은 못. 심원한 곳을 비유하여 이르는 말.

☁ 불안원 선사가 상당하여 이 칙을 들고 말하였다.

대중들이여, 이미 사방 모두를 분명히 계약해 마쳤는데, 어째서 복판에 있는 나무가 아직 그의 소유인가? 보지 못했는가? 천 년 밭에 팔백 주인이니라.

만일 복판의 나무를 알면 밭 갈고 김맴에 그대 마음대로 밭 갈고 김매며, 씨 뿌림에 그대 마음대로 씨 뿌리며, 꽃피우기도 그대 마음대로 꽃피우고, 열매 맺기도 그대 마음대로 열매 맺을 것이나 만일 복판의 나무가 없으면 어찌 상주한다고 할 수 있겠는가.

(잠잠히 있다가)

어떠한가?

(스스로 말하기를)

높은 곳은 높게 보고, 낮은 곳은 낮게 본다.

佛眼遠 上堂擧此話云 大衆 旣是四至分明結契了也 爲什麼 中間樹子 猶屬他 不見道 千年田八百主 若識得中間樹子 耕鋤 任你耕鋤 布種 任你布種 開花 任你開花 結子 任你結子 若無中間樹子 爭喚作常住 良久云 作麼生 自云 高處 高平 低處 低平

◯ 심문분 선사가 상당하여 이 칙에서 영운 선사가 불자를 일으켜 세웠다는 것까지 들고, 이어 운문 선사가 이 칙을 들어 말한 것을 들고 말하였다.

영운 선사는 집어 오고 운문은 깎아내렸으니, 눈 밝은 납자들은 어떻게 비판하겠는가? 알고자 하는가?

천 가지 차별에 떨어짐 없이, 누가 한결같이 죽였다 살렸다 하는 암주의 주먹과 주었다 빼앗았다 하는 파초주장자를 논하겠는가.

얻음이 있다면 풀 한 줄기의 그림자요, 잃음이 있다면 저울의 헛 눈금일세.

고개를 돌리면 달 밝은 가을철 바닷바람에 산호의 그림자가 출렁이는 물결에 흔들림일세.

心聞賁 上堂擧此話 至雲亦竪起拂子 連擧雲門拈 師云 靈雲 拈來雲門 貶剝 明眼衲僧 如何批判 要會麽 不落千差 誰論一向 殺活庵主拳 與奪芭蕉杖 得在影草竿頭 失在定盤星上 廻頭月湛海風秋 珊瑚影轉波撓漾

 대원 문재현은 이 칙을 모두 듣고나서 이르노라.

선승이여, 선승이여!
어찌 사람으로서 한나라 개의 짓만 답습할꼬.

영운 선사의 그 불자 묘하여
영산회상 꽃든 소식 갈파하고
무정설법 비밀까지 누설함을…

595칙 우물 밑에 사과나무를 심느니라

 본 칙

영운 선사에게 어떤 선승이 물었다.

“어떤 것이 조사께서 서쪽에서 오신 뜻입니까?”

영운 선사가 대답하였다.

“접목할 시기에 임하여 우물 밑에 사과나무를 심느니라.”

다시 말하였다.

“알겠는가?”

선승이 대답하였다.

“모르겠습니다.”

영운 선사가 말하였다.

“금년엔 복숭아와 배가 비싸서 한 개에 천 냥이나 되느니라.”

靈雲 因僧問 如何是祖師西來意 師云 臨朕礁井底 種林檎 復云會麼 僧云不會 師云 今年桃李貴 一顆直千金

∽ 대홍은 선사 송

접목할 시기에 임했다 함이여
다만 이렇게 깨달아 바로 이때와 같아야 하건만
눈에 가득한 화침(花針)을
만나는 이 모두가 안다지만
속마음 알아 챈 이 하나 없군
복숭아꽃 오얏꽃 시들고 봄빛 이미 저무니
금년엔 작년보다 사람이 적었네

大洪恩 頌
臨朕礁
秖如今恁麽會得[22)]
滿目花針
相逢盡相識
沒箇是知音
桃李凋殘春已暮
今年大少去年人

---

22) ‘秖’와 ‘秪’는 고대에 동자(同字)였다. 그러나 현대에는 ‘秖’가 많이 쓰인다.

☁ 장산전 선사 송

우물 밑의 사과가
한 개에 천 냥이라
엉터리 납승은
하늘 땅이 벌어지기 이전에 삼킴을 지나쳐버렸네
그러나 값을 헤아림에 덜한 사람이 없는데
누구를 향해서 미혹한 때라고 달마를 만나라 할 것인가

蔣山泉 頌
井底林檎
千錢一箇
杜撰衲僧
混圇吞過
雖然價數不虧人
誰向迷時逢達磨

 대원 문재현은 이 칙을 모두 들고나서 이르노라.

이 문중에서 공부하는 사람이라면 제일 경계할 일이 경계를 쫓는 것이다. 알겠는가?

불자 들어 영산회상 소식을 갈파하고
심는다는 말로써 조사의 뜻 드러냈네
기둥 친 뜻, 상량을 울리는 데 있음을…

596칙 재처럼 숨이 멈췄을 때

 본 칙

항주 경산 홍인 선사에게 어떤 선승이 물었다.

"재[灰]처럼 숨이 멈췄을 때가 어떠합니까?"

경산 선사가 대답하였다.

"오히려 이때에 사람들이 공력을 관장하니라."

선승이 다시 물었다.

"관장한 뒤에는 어떠합니까?"

경산 선사가 말하였다.

"농부가 밭에 씨를 심지 않음이니라."

선승이 말하였다.

"끝내는 어떠합니까?"

경산 선사가 말하였다.

"벼가 익음에 장에 갈 것도 없느니라."

杭州徑山洪諲禪師 因僧問 掩息如灰時如何 師云 猶是時人功幹 僧云 幹後如何 師云 耕人 田不種 僧云 畢竟如何 師云 禾熟不臨場

ꩰ 응암 선사가 이 칙을 들고 말하였다.

화려한 누각에 향기 잠기고 눈[雪] 맞은 둥지에 밤기운이 싸늘하다. 창문에 비친 달 밝고 화기가 가득하구나.

이럴 때를 한마디 일러보라. 응암이 경산과 만날 분수가 있겠는가?

보거나 못 보는 것은 그만두고, 그 선승이 그렇게 물은 것이 안목을 갖추었다고 여기는가? 그렇지 않다면

구름은 꿰맴 없는 옷에 깃들어있고, 새는 싹틈 없는 가지에 잔다.

應庵 拈云 鳳閣香沉 雪巢夜冷 半窓明月 和氣藹然 正當恁麼時 且道 應庵與徑山 還有相見分也無 見與不見 卽且置 只如這僧恁麼問 還具眼麼 苟或未然 雲藏無縫襖 鳥宿不萠枝

ꕥ 공수 화상이 이 칙을 들고 이어 응암 선사가 이 칙을 들어 말한 것을 들고 말하였다.

가엾은 응암 선사가 다만 바늘과 실만 가지고 깁고 꿰맬 뿐, 칼을 때려 부수는 쇠망치는 없구나. 오늘 경산의 문하에 재처럼 숨을 멈춘 이라 하더라도 반드시 삼문 밖으로 쫓아내리라.

설사 이때에 사람이 공력을 관장하는 데에도 떨어짐이 없다 해도 불러다가 발을 씻기게 하는 것이 좋겠으니 불자를 잡은 상좌의 속마음을 알겠는가?

(잠잠히 있다가)

구름 한 덩어리[23]가 바다 위를 건너가는데, 검을 뽑아 용문을 젓는다.

空叟和尙 擧此話 連擧應庵拈 師云 大小應庵 只有補綴底針線 且無打破底鉗鎚在 今日徑山門下 若是掩息如灰者 必然趕出三門外 縱有不墮時人功幹者 正好喚來洗脚 還知秉拂上座落處麽 良久云 陣雲 橫海上 拔釰攪龍門

23) 원문에 진운(陣雲)이라고 되어 있는데, 이는 한 덩어리의 큰 구름을 말한다.

 대원 문재현은 이 칙을 모두 듣고나서 이르노라.

허공에 바람이 자서 춰모도 흔들림이 없음이여, 그러니 적고 적은 기운으로부터 태풍까지 머금었음을….
이 법 또한 그러하다.

그 조용함, 기운 멈춘 허공인들 비기랴
그윽함, 천 길 물 속 조용함만 같으랴
보이랴, 더위에 뜰꽃이 졸고 있다

597칙 대에 맞아 난 소리

 본 칙

등주 향엄 지한 선사가 기와조각을 던지다가 대[竹]에 맞아 나는 소리를 듣고 깨달은 뒤에 다음과 같이 송하였다.

부딪친 한 소리에 아는 바 다 잊고
다시는 더 닦을 것이 없네
움직여 씀에 옛 길을 드날리니
적고 적은 기틀에 떨어지지 않아
곳곳에 자취 흔적 없어
빛과 소리 밖에 위의로세
제방의 도를 아는 이들이
모두가 최상의 근기라 하네

위산 선사가 듣고 말하였다.
"이 사람이 깨쳤구나."

鄧州香嚴智閑禪師 因颺瓦礫擊竹作聲 忽然省悟 乃有頌云

一擊忘所知

更不假修治

動容揚古路

不墮悄然機

處處無蹤跡

聲色外威儀

諸方達道者

咸言上上機

潙山 聞得曰 此子徹也

ᯅ 취암종 선사 송

죽과 밥에 따라 병든 몸을 돌보니
본래 매함이니, 깨달음이니 그에겐 관계할 것 없다네
까닭없이 대에 부딪힘을 말함이여
지금에 이르도록 중도에 있음일세

翠嵓宗 頌
粥飯隨緣養病軀
本無迷悟可關渠
無端擊着庵前竹
直至如今在半途

☁ 운문고 선사가 이 칙에서 '부딪친 한 소리에 아는 바 다 잊고' 한 것까지 들고 말하였다.

그대들, 보아라. 깨달은 이의 발언이지만 이로부터 처음 들었다 하면 같지 않다. 대나무에 부딪친 한 소리에 갑자기 크게 깨달았다 하나 바닥까지 깨달은 마음에 곧바로 소식마저 끊어져야 마치 미륵이 손가락을 튕길 때에 누각의 문이 열리고 선재에게 들어오라 명하여 선재가 기뻐하여 들어감에 이미 돌아올 길이 끊긴 바로 그 도리이다.

향엄 선사가 깨달은 곳은 이미 소식이라는 것마저 끊겨서 부모에게서 태어나기 전의 도리가 단박에 앞에 나타남이나, 이어 게송 하나를 지음은 다만 사람을 위한 방편이었으니, 다음에도 주를 낸 것이어서 '다시는 닦아 익힐 것이 없다.' 운운한 것이다.

雲門杲 擧此話 至一擊忘所知 云 你看 他得底人 發言 自是不同初聞 擊竹作聲 忽然大悟 所悟底心 便絶消息 如彌勒彈指 樓閣門開 命善財入 善財心喜 入已還閉 便是這箇道理 香嚴悟處 旣絶消息 父母未生時事 頓爾現前 才作箇頌子 便有爲人底方便 下面注曰更不假修治云云

 대원 문재현은 이 칙을 모두 들고나서 이르노라.

이와 같이 경계 위에서 경계를 쫓지 않으면 심지(心地)법문 아닌 것이 없다.

선실 향연 한가롭게 오르는데
선인장 붉은 꽃 활짝 폈고
선원 앞 소나무는 춤추네

598칙 조사선

 본 칙

향엄 선사가 송하였다.

작년의 가난은 가난이 아니요
금년의 가난이 비로소 가난이라
작년에는 송곳 꽂을 땅이 없더니
금년에는 송곳도 없다

앙산 선사가 말하였다.

"사형이 여래선은 알았다고 하겠지만 조사선은 꿈에도 보지 못했소."

이에 향엄 선사가 다시 게송 하나를 지어 드러내보였다.

나에게 한 기틀이 있으니
눈을 깜박여 보이네
알지 못하는 사람이 있다면

따로 사미를 부르리라

앙산 선사가 말하였다.
“사형이 조사선을 알게 되어 기쁩니다.”

香嚴 頌云
去年貧未是貧
今年貧始是貧
去年無卓錐之地
今年錐也無
因仰山 云 如來禪 卽許師兄會 祖師禪 未夢見在 師又呈偈云
我有一機
瞬目示伊
若人不會
別喚沙彌
仰云 且喜 師兄 會祖師禪也

ᢀ 열재 거사 송

조사선이여!
한 곳의 공부는 원만치 못하니
그림자 없는 나무를 심을 줄만 알고
불 속의 연꽃을 피울 줄은 몰랐구나
여래선이여!
손을 합하여 손바닥 이루고, 손을 펴서 주먹을 이루며
조리로는 향적국의 것을 다 퍼내고
부채로는 범왕천까지 부채질한다

悅齋居士 頌
祖師禪
一處工夫有未圓
只解種成無影樹
未能開得火中蓮
如來禪
合手成掌開成拳
笊籬舀盡香積國
扇子扇到梵王天

ඊ 장경능 선사가 말하였다.

일시에 이렇다 할 까닭도 없었다.

長慶稜 云 一時坐却

㉦ 현각 선사가 추궁하였다.

말해보라. 여래선·조사선이 나뉘는가, 나뉘지 않는가?

玄覺 徵 且道 如來禪與祖師禪 分 不分

ꩀ 운거석 선사가 추궁하였다.

대중들이 헤아리기를 '여래선은 얕고, 조사선은 깊다.' 하는데, 향엄 선사는 어째서 그때에 어떤 것이 조사선인가를 묻지 않았을까? 만일 이 한마디를 물었다면 어디에 있다고 할 것인가?

雲居錫 徵 衆中商量 如來禪 淺 祖師禪 深 只如香嚴 當時 何不問 如何是祖師禪 若置此一問 何處有也

ꩰ 낭야각 선사가 이 칙을 들고 말하였다.

무제[24]는 신선을 구했으나 신선이 되지 못했고, 왕교[25]는 가만히 앉아서도 하늘에 올랐다.

瑯琊覺 拈 武帝 求仙不得仙 王喬 端坐却昇天

24) 무제(武帝) : 한(漢)나라 무제를 말한다. 그는 신선이 되려고 승로반(承露盤)을 세웠다. 높이가 20장(丈)이나 되는 구리기둥 위에 신선상(仙人像)이 받쳐 든 구리쟁반에 옥그릇을 올려놓고 하늘에서 내리는 이슬을 받아먹어 불로장생을 꾀하였으나 결국은 죽었다.

25) 왕교(王喬) : 왕교는 왕자 교(喬)로서 주영왕(周靈王)의 태자. 태자 시절에 왕에게 직간하다가 폐해져 서인이 되었다. 그는 피리를 불어 봉황새 소리를 냈으며 도사(道士) 부구생(浮丘生)을 만나 흰 학을 타고 산꼭대기에서 살았으니 신선이 되었다 한다. < 열선전(列仙傳) >

☁ 지해일 선사가 상당하여 이 칙에서 '송곳도 없다' 한 것까지 들고 말하였다.

지해는 그렇게 하지 않으리라. 작년의 부자는 부자가 아니요, 금년의 부자라야 비로소 부자다. 작년에 조주의 적삼을 입었더니 금년엔 운거의 고쟁이까지 벗었다. 여러 선사들이여,

가난한 이는 아귀같이 가난하고, 부자는 나귀같이 부유하다.

어찌해야 가난한 이와 부자를 평등히 하겠는가?

(스스로 말하기를)

학의 다리를 끊어 오리의 다리를 이을 수는 없느니라.

(또 말하기를)

어찌하여 오리의 다리를 이으려고 학의 다리를 끊지 못하는가? 큰 나무는 큰 껍질에 싸였고, 작은 나무는 작은 껍질에 싸였느니라.

智海逸 上堂擧此話 至錐也無 師云 智海 卽不然 去年富 未是富 今年富 始是富 去年 猶着趙州衫 今年 脫下雲居袴 諸禪德 貧者 貧似鬼 富者 富如驢 作麽生得貧富均平去 自云 不可續鳬截鶴 又云爲什麽 不續鳬截鶴 大樹 大皮裹 小樹 小皮纏

ᘓ 금산원 선사가 상당하여 이 칙에서 '송곳도 없다' 한 것까지 들고 말하였다.

여러 선덕들아, 말해보라. 향엄 선사의 송곳이 이미 없다면 무엇을 가지고 지금 쓰는 것인가?
(주장자를 높이 들어 보이고)
큰 방에 돌아가서 차나 마셔라.

金山元 上堂擧此話 至錐也無 師云 諸高德 且道 香嚴錐子 旣無 遮回 用个什麽 卓柱杖云 歸堂喫茶

ꩰ 장산원 선사가 상당하여 이 칙을 들고 말하였다.

송곳 꽂을 땅도 없었다면 무엇을 가지고 밥을 먹고, 옷을 입었을까? 듣지 못했는가?
금닭이 한 알의 쌀을 물어다가 시방에 계신 나한에게 공양하느니라.

蔣山元 上堂擧此話云 旣無卓錐之地 將什麽 塞口遮身 不見道 金雞解含一粒米 供養十方羅漢僧

ꩠ 장산전 선사가 대중에게 보이고 이 칙을 들고 말하였다.

향엄 선사가 자비는 비록 광대하였으나 은혜가 많으면 원망도 깊은 줄이야 어찌 일았겠는가? 산승은 그렇게 하지 않으리라.

나에게 한 기틀이 있으니
번갯빛도 오히려 더디다
누군가가 모르겠다 한다면
뒤통수에 무쇠방망이를 치리라

蔣山泉 示衆擧此話云 香嚴 雖然慈悲廣大 豈知恩多怨深 山僧 卽不然

我有一機
電掣猶遲
有人不會
腦後金鎚

ᔕ 위산철 선사가 이 칙을 들고 말하였다.

향엄 선사는 가히 위로는 한 장의 기와도 없고, 아래로는 꽂을 송곳도 없어서 벌거벗은 듯 드러나고 씻은 듯이 한 티끌 없어서 잡을 곳이 없다.
앙산 선사가 아니었던들 거의 그를 놓칠 뻔하였다. 무슨 까닭이겠는가?
눈과 서리의 힘이 아니면 솔과 잣나무의 절개를 어찌 알겠는가?

潙山喆 拈 香嚴 可謂上無片瓦 下無卓錐 露躶躶赤灑灑沒可把 若不是仰山 幾乎放過這漢 何故 不得雪霜力 焉知松柏操

☁ 진정문 선사가 상당하여 이 칙에서 '송곳도 없다.' 한 것까지 들고 말하였다.

항엄 선사가 그렇게 말한 것이 기특하기는 매우 기특하나 가난함만을 알았고, 부귀함은 몰랐다. 나(洞山)는 그렇게 하지 않으리라. 작년의 부귀는 부귀가 아니요, 금년의 부귀가 비로소 부귀다. 작년의 부귀는 검고 검은 품 좁은 적삼 한 벌뿐이더니, 금년의 부귀는 백 번 기운 산수가사 한 조각이 더하였다.

설날 아침에 두 팔로 안아 들어올려 대중에게 드러내보여 전하니, 참으로 풍류가 그 집에서 나왔다 하리라.

여러 선덕들아, 나의 이런 말이 다시 옛 사람을 긍정치 아니한 것인가, 옛 사람을 받쳐준 것인가? 가려보라.

眞淨文 上堂擧此話 至錐也無 師云 香嚴與麼道 奇特甚奇特 要且只知其貧 不知其富 洞山 卽不然 去年富 未是富 今年富 始是富 去年富 唯一領墨黲布褊衫 今年富 添得一條百衲山水袈裟 歲朝抖擻呈禪衆 實謂風流出當家 諸禪德 洞山與麼 爲復是不肯古人耶 爲復扶古人耶 試辨看

ꩲ 설두녕 선사가 상당하여 향엄 선사가 '나에게 한 기틀이 있으니' 한 것에서 '따로 사미를 부르리라.' 한 것까지 들고 말하였다.

설두는 그렇게 하지 않으리라.

나에게 한 기틀이 있으니
조사와 부처도 알지 못한다
일을 따라 말을 하고 뜻을 따라 물건을 옮기니
때에 따라 당면하여 쓰나 쫓고 따를 물건이 없다

(큰 소리로)
대중들이여!
(대중들이 고개를 들자)
방에 돌아가서 차나 마시라.

雪竇寧 上堂擧香嚴云 我有一機 至別喚沙彌 師云 雪竇 卽不然
我有一機
祖佛不知
言隨事變物逐意移
有時當面用無物可追隨
乃高聲召大衆 衆 擧頭 師復云 歸堂喫茶去

ꕀ 송원 선사가 상당하여 이 칙에서 '송곳도 없다.' 한 것까지 들고 말하였다.

해가 기면 갈수록 더욱 가난해지니 조사가 다리를 드는데 무게가 천 근이라. 근심 있는 사람은 근심 있는 사람에게 말을 하지 말라. 근심 있는 사람에게 말을 하면 사람을 더욱 근심스럽게 하느니라.

松源 上堂擧此話 至錐也無 師云 年去年來貧復貧 祖師擡脚重千斤 愁人 莫向愁人說 說向愁人愁殺人

 대원 문재현은 이 칙을 모두 들고나서 이르노라.

법문들을 할 때 보면 대개가 거년 가난과 금년 가난이나 땅 없음과 송곳 없음을 들어 향엄 선사의 경지를 말하는데, '사미를 부르리라' 한 경지가 당시의 향엄 선사의 참 경지로서 조주 무에 못지않음을 알아야 한다.

향엄 선사 사미를 부름은
마조의 불자 세운 도리며
가섭의 아난 부른 도릴세

599칙 봄에 겨울의 영을 시행하느니라

본 칙

향엄 선사가 개당을 하니 위산 선사가 서신과 주장자를 보내 왔다.

향엄 선사가 받고서 곡을 하였다.

"아이고! 아이고!"

이에 어떤 선승이 물었다.

"스님께선 어찌하여 그러십니까?"

향엄 선사가 말하였다.

"다만 봄에 겨울의 영을 시행하느니라."

香嚴 開堂後 潙山 令人 送書幷柱杖子到 師接得哭云蒼天蒼天 僧云 和尙 爲什麽如此 師云 只爲春行冬令

ꕤ 지해일 선사 송

주장자를 받고서 '아이고!'를 외침이여
고금에 비길 데 없음, 말로 할 수 없네
봄에 가을의 영을 시행한 것, 아는 이 드묾이여
짚신이 닳아서 바닥이 뚫어졌네

智海逸 頌
接得杖子哭蒼天
不言絶後及光前
春行秋令人難會
踏破草鞋脚底穿

ᯅ 법진일 선사 송

높은 이가 물건을 보냈는데 '아이고!' 함이여
봄의 영을 겨울에 시행한다 해도 여전히 거꾸로 된 것이다
그 회상에 참된 납자가 있었더라면
선상을 당장에 치켜들기에 좋았었다

法眞一 頌
尊人寄物哭蒼天
春令冬行也倒顚
若有會中眞衲子
禪床好與卽時掀

ꩰ 육왕련 선사가 오조계 선사가 "먼저 둔한 것은 그대로 가하거니와 나중에 둔한 것은 기가 막힌다." 한 것을 들고 말하였다.

향엄 선사는 병든 사람이 독 먹기를 겁내는 것 같고, 오조 선사는 장량이 소란한 저자에서 광대놀이 구경을 하는 것 같으며, 그 선승은 행각의 안목을 갖추었고, 위산 선사는 부자(父子)의 정이 있기도 하고, 부자의 정이 없기도 하다.

育王連 擧五祖戒云 前來鈍置 猶可 後來鈍置 較殺 師拈云 香嚴 是病人 怕毒食 五祖 是張良 在鬧市裏看戲 這僧 却具行脚眼 潙山 又有父子之情 又無父子之情

ⓒ 낭야각 선사의 문답

낭야각 선사가 상당하니, 어떤 선승이 물었다.

"옛 사람이 주장자를 대하고서 어찌하여 '아이고!' 하고 곡을 했습니까?"

낭야각 선사가 말하였다.

"더벅머리에 맨발이니라."

瑯琊覺 上堂 僧問 古人 對柱杖子 爲什麽哭蒼天 師云 蓬頭跣足

○ 해인신 선사가 이 칙을 들고 말하였다.

곡조가 비슷하게 같아서 들을만하더니 또다시 바람 따라 딴 곡조가 되었구나.

海印信 拈 依俙似曲才堪聽 又被風吹別調中

 대원 문재현은 이 칙을 모두 들고나서 이르노라.

이는 스승의 은혜에 의해 펴는 것이라 하겠는가, 스승의 은혜를 저버린 것이라 하겠는가? 말해보라.

홍학의 다리는 붉고 길며
참새의 다리는 검고 짧다
이 속에 향엄의 뜻 말해 보라

600칙 나무에 오른 때

본 칙

향엄 선사가 대중에게 보이고 말하였다.

"마치 어떤 사람이 나무에 올라가서 입으로 나뭇가지를 물고, 손으로 가지를 잡거나 발로 가지를 밟지도 않았거늘, 밑에서 어떤 사람이 서쪽에서 오신 뜻을 물었다고 하자. 대꾸하지 않으면 묻는 이의 뜻에 어긋나고, 대꾸하면 자기의 목숨을 잃는다. 이럴 때에 어찌해야 좋을까?"

그때 호두라는 상좌가 있다가 나서서 물었다.

"나무에 오른 뒤는 묻지 않겠습니다. 나무에 오르기 전의 소식을 말씀해 주십시오."

향엄 선사가 껄껄 웃었다.

香嚴 示衆云 如人 上樹 口啣樹枝 手不攀枝 脚不踏樹 樹下 有人問西來意 不對則違他所問 若對則喪身失命 當與麼時 作麼生則是 時有虎頭上座 出問 上樹 卽不問 未上樹時 請和尙道 師呵呵大笑

☁ 분양소 선사 송

향엄 선사가 가지를 문 일로 사람들에게 보인 것은
동문(同門)[26]들로 본래 참됨 통달토록 이끌어주기 위함인데
우물쭈물하면서 헛되이 말을 따라 찾다가
목숨 잃고 죽는 이들, 티끌과 같구나
분양이 그대 위해 천연한 길 열어 주랴
구름 흩어진 먼 하늘에 달빛이 새롭다

汾陽昭 頌
香嚴啣樹示多人
要引同袍達本眞
擬議却徒言下覓
喪身失命數如塵
汾陽爲你開天路
雲散長空月色新

---

26) 동문(同門) : 원문에 동포(同袍)라고 되어 있는데, 이는 옷을 서로 융통하여 괴로움을 함께 나눌 수 있는 사이, 곧 붕우나 전우를 말한다. 같은 민족을 의미하는 동포는 同胞라고 쓴다.

ഌ 장산전 선사 송

껄껄 웃은 일, 바늘도 송곳도 없으니
나무에 오른 것이 어찌 오르기 전과 같으랴
향엄 선사가 많은 기량 마음대로 부린다 해도
곁에서 보는 이의 눈썹 찌푸림을 못 면했네

蔣山泉 頌
呵呵大笑沒針錐
上樹何如未上時
任使香嚴多伎倆
傍觀不免爲攢眉

∽ 석문이 선사 송

옛 성인의 자비심, 뒷사람에게 이로움 되니
입으로 가지를 물이여, 온몸을 드러냄일세
현묘한 길이라면 소식이랄 것도 없음이여
집안의 양친상을 면하지 못하니라

石門易 頌
古聖悲心利後人
口啣枝上露全身
直饒玄路無消息
未免家中喪二親

☁ 보녕용 선사 송

많은 방편, 골고루 펼친 늙은 종사가
어째서 가지 위에 다시 가지 냈을까?
좋은 말이 채찍 그림자 엿보듯 하게 함이니
흙덩이 쫓아서는 사자새끼 아닐세

保寧勇 頌
曲設多方老古錐
那堪枝上更生枝
好如良馬窺鞭影
逐塊且非師子兒

ᢊ 설두녕 선사 송

향엄이 나무 위에서 바람을 타고 파도를 일으키듯 하고
나무 밑에서 근원을 나한 웃음으로 답했네
나무에 올라 향상의 도리를 밝혔다 하여도
어찌 정처의 사바하와 같으랴

雪竇寧 頌
香嚴樹上鼓風波
樹下窮源笑答他
上樹更能明向上
爭如靜處薩婆訶

ꗃ 삽계익 선사 송

몸 돌리기도 어려운 좁은 길에
동쪽이나 서쪽이나 모두가 산이로세
행인이 이르지 못한 곳에
바람마저 멎었는데 고요히 꽃이 떨어진다

雪溪益 頌
狹路轉身難
東西盡是山
行人不到處
風定落花閑

ꩲ 열재 거사 송

그를 어여삐 여겨 나무에 올라 어떤가를 물음을
나무 밑에서 헤아리거나 비교하려 말게
저울추를 밟으니 무쇠같이 굳음이여
장안은 원래부터 산하에 막혀있지 않다

悅齋居士 頌
憐渠上樹問如何
樹下商量不較多
踏着稱槌硬似鐵
長安元不隔山河

◌ 설두현 선사가 이 칙을 들고 말하였다.

나무 위에서 말하기는 쉽거니와 나무 밑에서 말하기는 어렵다. 노승이 나무에 올랐으니 한마디 물어보라.

雪竇顯 拈 樹上道卽易 樹下道則難 老僧 上樹也 致將一問來

ඏ 취암지 선사가 이 칙을 들고 말하였다.

묻는 이나, 대꾸하는 이나 생명을 잃지 않을 수 없다. 지금의 납자들은 어찌하겠는가?

翠嵓芝 拈 問者對者不免喪身失命 如今衲僧作麼生

ꩲ 지해일 선사가 상당하여 이 칙을 들고 이어 설두 선사가 이 칙을 들어 말한 것을 들고 말하였다.

설두 노장이 평소에 전무후무하여 천하를 혼자 걷는다 여겼는데, 향엄 선사가 나무에 올려놓은 것[27]을 알아채지 못해 지금까지 발을 땅에 대지 못하고 있다. 안목을 갖춘 납자는 가려보라.

智海逸 上堂擧此話 連擧雪竇拈 師云 雪竇老漢 尋常 光前絶後 獨步寰中 不覺被香嚴送放樹上 直至于今 脚不履地 具眼者 辨取

27) 원문에 송방(送放)이라고 되어 있다. 이는 중국에서 올려놓는다는 뜻으로 쓴다.

☁ 천동각 선사가 이 칙을 들고 이어 설두 선사가 이 칙을 들어 말한 것을 들고 말하였다.

호두 상좌는 사나운 도적이라 생각지도 못한 수단[28]으로 집안에 장애 없게 했으니 설사 진짜 작가라 하여도 문득 문득 손발 둘 곳을 가리지 못하게 하였다.

이 설두 선사는 특별한 기틀이므로 마땅히 허물을 알아서 쉬게 해야 했으나 이 속에 이르러서는 역시 몸을 숨긴다 했지만 그림자를 드러내고 말았다.

향엄 선사의 지은 곳을 알겠는가? 3천 명의 검객이 지금 어디에 있는가! 장주[29]만이 홀로 태평을 보았다 하리라.

天童覺 擧此話 連擧雪竇拈 師云 虎頭上座 是个惡賊 用無義手 打不妨家 直饒本色作家 往往措手脚不辨 雪竇 是別機 宜識休咎底漢 到這裏 亦只得藏身露影 還會香嚴做處麽 三千劍客 今何在 獨許莊周見太平

---

28) 원문에 무의수(無義手)라 되어 있는데, 이는 보편적인 생각과 행동을 떠난 것을 의미하므로 '생각지도 못한 수단'이라고 새겼다.

29) 장주(莊周) : 춘추전국시대 송의 사상가, 장자의 원래 이름.

☙ 법진일 선사가 이 칙을 들고 말하였다.

향엄 선사는 어째서 웃었는가?
(이어 설두 선사가 이 칙을 들어 말한 것을 들고)
말해보라.
설두 선사는 나무 위에서의 말인가, 나무 밑에서의 말인가?
일러보라.

法眞一 拈 秖如香嚴 笑箇什麽 乃擧雪竇拈 師云 且道 雪竇 是樹上語 樹下語 試請道看

ꩰ 죽암규 선사가 이 칙에서 '목숨을 잃는다' 한 것까지 들고 말하였다.

향엄 선사는 마치 소하[30]가 법률을 짓는 것 같구나.

竹庵珪 擧此話 至喪身失命 師云 香嚴 大似蕭何置律

30) 소하(蕭何) : 한나라 고조 유방 밑에서 벼슬하여 천하를 통일하는 데에 큰 구실을 한 세 사람(소하, 장량, 한신) 중의 한 사람이다. 유방의 군대가 진나라 수도를 함락하자 병사들이 약탈하느라 바빴으나 그는 혼자 진나라 법령문서를 챙겨 뒷날 나라를 다스리는 데에 유용한 기틀을 마련했다.

◌ 경산고 선사의 문답

경산고 선사가 상당하였는데, 어떤 선승이 물었다.

"옛 사람이 '마치 사람이 나무에 올라가서 입으로 나뭇가지를 물고, 손으로는 가지를 잡지 못하며 발로도 가지를 밟지 못한다.' 했으니, 대답할 수 있겠습니까?"

경산고 선사가 말하였다.

"대답해 마쳤느니라."

선승이 다시 말하였다.

"학인은 나무 위의 일을 물었거늘 화상께선 어찌하여 나무 밑의 일로 대답하십니까?"

경산고 선사가 대답하였다.

"그대가 나무 밑에서 물었기 때문이니라."

선승이 다시 물었다.

"대중의 눈을 속일 수 있겠습니까?"

경산고 선사가 대답하였다.

"밝아서 속일 수 없다."

선승이 다시 물었다.

"나무가 아직 나지 않고, 소식이 아직 움직이기 전이라면 향엄 선사는 어느 곳으로부터 이 화두를 가져왔겠습니까?"

경산고 선사가 대답하였다.

"그대의 칠통 속에서 가져왔느니라."

선승이 다시 물었다.

"화상께서 말씀하시기를 '죽비라고 부르면 범하고, 죽비라고 부르지 않으면 등진다.' 하셨는데 사람을 위한 곳이 있습니까?"

경산고 신사가 대답하였다.

"없느니라."

선승이 다시 물었다.

"그러면 헛되이 설하였겠습니다."

경산고 선사가 대답하였다.

"헛되이 설했다."

(그리고는 다시 '어떤 사람이 나무에 올라가서'로부터 '묻는 이의 뜻에 어긋나고' 한 것까지를 들고)

이때 향엄 선사가 이렇게 말하자 곁에서 긍정치 않는 이가 있었으니, 호두 상좌가 대중 앞에 나서서 "나무 위의 일은 묻지 않거니와 나무 밑의 일을 한마디 해 주십시오." 했으니 이에 대해 이르노라.

험!

향엄 선사가 껄껄거리고 크게 웃었으니 이에 대해 이르노라.

험!

경산의 이 두 마디, '험'에서 하나는 하늘을 두루 덮고 땅을 두루 받드는 것 같으며, 하나는 헤아리려 까딱하기만 해도 교섭할 수 없다.

그래도 가려낼 이가 있는가? 만일 가려낸다면 향엄 선사를 만나 볼 뿐 아니라 호두 상좌로 하여금 안신입명할 곳이 없게 하려니와, 만일 없다면 경산이 지금 이룬 공안을 가지고 여러분에게 주를 내어 주리라.

죽비라고 부르면 범하고 죽비라고 부르지 않으면 등지느니라.

徑山杲 上堂 僧問 古人 道 如人上樹 口啣樹枝 手不攀枝 脚不踏樹 未審還有答話分也無 師云 答話了也 進云 學人 問樹上話 和尙 爲什麽 向樹下答 師云 只爲你在樹下問 進云 謾得大衆眼麽 師云 灼然謾不得 進云 只如樹子未生 消息 未動 香嚴 向甚麽處得這个話頭來 師云 向你漆桶裏得來 進云 只如和尙 道喚作竹篦則觸 不喚作竹篦則背 還有爲人處也無 師云 無 進云 恁麽則却成虛設 師云虛設 乃云 如人上樹 至違他所問 是時 香嚴 才恁麽道 便有个傍不肯底 喚作虎頭上座 出衆云 樹上 卽不問 樹下 道將一句來 師云 險 香嚴 呵呵大笑 師云 險 徑山這兩險 有一險 如天普盖 似地普擎 有一險 料掉沒交涉 還有揀得出者麽 若揀得出 非唯親見香嚴 亦使虎頭上座 無安身立命處 如無 徑山將現成公案 爲你諸人 下个注脚 喚作竹篦則觸 不喚作竹篦則背

◯ 경산고 선사가 보설에서 이 칙을 들고 다시 말하였다.

지난 날 어떤 존숙에게 "향엄 선사의 뜻이 무엇입니까?"라고 묻자 불자 자루를 입에다 물고, 눈을 꼭 감고는 나뭇가지를 문 시늉을 하고 손을 흔들고 다리를 내저은 것으로 산승에게 대답하더라.

(손가락을 튕기고)

이런 것은 역시 그때 소리를 따르고 명예를 쫓는 짓이건만 이와 같은 짓을 오히려 쫓는 그 나머지 괴이한 짓은 이루 다 말할 수 없다. 알고자 하는가? 다만 한 구절 지은 것은 내가 먼저 본 바를 그대에게 설한 것에 불과하니, 한 구절을 지은 것에서 본 바를 보려고 말라.

문득 들어 제창한 곳에서 알아듣는다면 들자마자 알 것이니, 그런 도리가 아니다. 이 어떤 도리인가? 마치 사람이 나무에 올라가서 입으로 나뭇가지를 물고 (중략) 몸과 목숨을 잃는다 하였으니 어떤고? 거기에는 머리칼 하나 용납될 틈이 없다.

그때 향엄의 회중에 다만 호두라는 상좌만이 향엄 선사의 뜻을 알고 나서서 향엄 선사의 숨통을 틔워주기를 "나무에 오른 뒤는 묻지 않거니와 나무에 오르기 전의 일을 화상께서 말씀해 주소서." 하였으니, 한 바탕의 영화는 얻었으나 두 발꿈치를 잘렸다. 향엄 선사가 껄껄대고 크게 웃었으니 무쇠로 낯가죽을 이루었구나.

(또 말하기를)

하늘을 돌리고 지축을 굴렸구나. 나중에 설두 선사가 이 칙을 들어 '나무 위에서 말하기는 쉽거니와'로 시작하여 '한마디 물어보라.' 하였으니, 설두 선사가 비록 호두 상좌의 숨통을 틔워 주었으나 향엄 선사를 놓쳤으니 어쩌랴.

요즘 어떤 이는 어긋나기를 설두 선사의 그런 말을 듣고는 문득 동산 선사가 "다만 능히 지금 저촉함도 꺼림도 없다면 앞의 왕조에서 혀를 끊긴 재사보다 나으리라." 한 것을 인용하여 말하기를 "향엄 선사가 이런 질문을 한 것은 마치 한 덩어리의 불더미와 같아서 저촉할 수 없다." 한다. 비록 이와 같기는 하나 말을 끊지는 못했다.

어떤 이가 "어떤 것이 부처인가?" 물으면 "삼[麻] 세 근이라." 했고, "어떤 것이 조사께서 오신 뜻인가?" 하면 "뜰 앞의 잣나무라." 했으니, 여기에 어떤 방해가 있겠는가. 그대들은 알아들어도 방해롭지 않다.

호(好)!

보지 못했는가?

분양 화상이 송하기를 "향엄 선사가 가지를 문 일로 사람들에게 보인 것은 동문들로 본래 참됨 통달토록 이끌어주기 위함인데"라고 했으니 참됨에 의해 통하는데 이바지했으나 "우물쭈물하면서 헛되이 말을 따라 찾다가 목숨 잃고 죽는 이들, 티끌과 같구나."라고 했으니 고심한 사람이 아니면, "분양이 그대 위해 천연한 길 열어 주랴." 한 것을 모른다. "구름 흩어진 먼 하늘에 달빛이 새롭다."라고 했으니 한가한 말이로다.

그렇기는 하나, 만일 이 속에서 들추어내면 평생의 참선 공부는 마쳤다 할 것이다.

又普說 擧此話云 山僧 昔年 曾請益一个尊宿 未審香嚴意旨如何 遂以拂子柄 銜在口中 緊閉却眼 便作銜樹枝勢 搖手擺脚祗對山僧 師乃彈指云 如此者 亦是當年馳聲走譽底 尙作這般去就 其餘作怪 不在言也 你要會麼 但只作一句看 我先爲你說 莫見道作一句看 便向擧起處會 擧了便會了 且不是這个道理 是什麽道理 如人 上樹 口銜樹枝 至喪身失命 如何 這裏間不容髮 當時 香嚴會中 只有个虎頭上座 領得香嚴意 便出來 爲香嚴出氣云 上樹 卽不問 未上樹 請和尙道 師云 雖得一場榮 刖却一雙足 香嚴 呵呵大笑 師云 鐵作面皮 又云 回天輪轉地軸 後來雪竇 拈云樹 上道則易 至致將一問來 雪竇 雖爲虎頭上座出氣 爭奈蹉過香嚴 今時 有般謬漢 聞雪竇恁麽道 便引洞山語云 但能莫觸當今諱 也勝前朝斷舌才 謂香嚴 立此个問頭 喩如一團火相似 不可觸 雖然如此 不可斷却言句 有問 如何是佛 痲三斤 如何是祖師西來意 庭前柏樹子 又且何妨 你不妨會得 好 不見 汾陽和尙 頌曰 香嚴銜樹示多人 要引同袍達本眞 師云 依實供通 擬議却從言下覓 喪身失命數如塵 師云 不是苦心人 不知汾陽爲你開天路 雲散長空月色新 師云 閑言語 雖然如是 若向這裏 提得去 一生叅學事畢

ᯅ 개암붕 선사가 상당하여 말하였다.

(향엄 선사가 대중에게 보이고 "어떤 사람이 천 길 벼랑에서 입으로 나뭇가지를 물고, 손으로 가지를 잡거나 발로 밟지도 않았는데 갑자기 어떤 사람이 서쪽에서 오신 뜻을 물으니 (중략) 이럴 때에 어찌하겠는가?" 한 것까지를 들고)

도적이로다.

(그때 호두 상좌가 대중 가운데 나서서 "나무 위의 일은 묻지 않거니와 나무 밑의 일을 한마디 해 주십시오." 한 것을 들고)

도적이로다.

(향엄 선사가 껄껄거리고 크게 웃었다는 것을 들고)

고운 진흙 속에 가시가 있느니….

(설두 선사가 "나무 위에서 말하기는 쉽거니와 나무 밑에서 말하기는 어렵다. 노승이 나무에 올랐으니 한마디 물어보라." 한 것을 들고)

도적이로다.

(그리고 말하기를)

이 세 도적 가운데 하나는 진짜 도적이요, 하나는 도적에게 지나갈 사닥다리를 주었고, 하나는 앉은 자리에서 장물을 나누었다. 말해보라. 어느 것이 진짜 도적인가?

여러분이 이 속에서 가려낸다면 향엄 선사의 뜻을 알 뿐 아니라 스스로가 살아날 길까지 있으리라. 그렇지 못하다면 다시 한 게송을 들으라.

어지러운 세상엔 간사한 영웅이
흔히들 패도[31]를 행하니
처자도 부자도
서로 보전키 어렵다네
국토 가운데의 성명(性命)을 얻음이여
당시의 이광(李廣)[32]과 다름이 없으리라

介庵朋 上堂擧香嚴示衆云 如人 在千尺懸崖 口含樹枝 手無所攀 脚無所蹋 忽有人 問西來意 至正恁麼時如何 師着語云賊 時有虎頭上座出衆云 上樹 卽不問 未上樹時 請和尙道 師着語云賊 香嚴 呵呵大笑 師云 爛泥裏有刺 雪竇云 樹上道 卽易 樹下道 卽難 老僧 上樹也 致

---

31) 패도 : 인의(仁義)를 돌보지 않고 무력과 권모로 천하를 통일하고자 하는 주의(主義).

32) 이광(李廣) : 한나라의 명장. 흉노와의 전쟁에서 70여 차례를 승리로 이끌었다.

將一問來 師着語云賊 師云 這三箇賊數中 一人 正賊 一人 與賊過梯 一人 坐地分贓 且道 那箇是正賊 諸人 若向這裏 揀辨得出 非唯會得 香嚴意 抑亦自有出身之路 設或未然 更聽一頌

亂世奸雄
多行覇道
妻兒父子
各不相保
穽中拾得性命
無異當年李廣

 대원 문재현은 이 칙을 모두 듣고나서 이르노라.

나무 위의 도리나 나무 아래의 도리를 말하자면, 눈에 띈 모든 것이 나보다 먼저 일렀으니 향엄 선사의 큰 웃음을 어찌 여기는고?

어떤 이가 그 도리 물어오면
그 웃음을 묻는다니 하하하
엽차나 나누어 마실 걸세

601칙 고목 속의 용울음

 본 칙

향엄 선사에게 어떤 선승이 물었다.

"어떤 것이 도입니까?"

향엄 선사가 말하였다.

"고목 속의 용울음이니라."

선승이 다시 물었다.

"어떤 것이 도 가운데 사람입니까?"

향엄 선사가 대답하였다.

"해골 속의 눈동자이니라."

선승이 석상 선사에게 물었다.

"어떤 것이 고목 속의 용울음입니까?"

석상 선사가 대답하였다.

"오히려 기쁨을 자재하느니라."

선승이 다시 물었다.

"어떤 것이 해골 속의 눈동자입니까?"

석상 선사가 대답하였다.

"오히려 앎을 자재하느니라."

香嚴 因僧問 如何是道 師云 枯木裏龍吟 僧云 如何是道中人 師云 髑髏裏眼睛 僧 擧問石霜 如何是枯木裏龍吟 霜云 猶帶喜在 僧云 如何是髑髏裏眼睛 霜云 猶帶識在

ᦞ 지해청 선사 송

고목 속의 용울음, 듣는 것 아니거늘
해골 속의 눈동자 어찌 보는 것이랴
해마다 한식이면 널리 성 밖 들에서
줄을 진 무덤에 새 흙을 보탠다

智海清 頌
枯木龍吟不聞
髑髏眼睛何覩
年年寒食徧郊原
壘壘墳上加添土

☁ 조산 탐장 선사의 문답

조산 탐장 선사에게 어떤 선승이 물었다.

"어떤 것이 고목 속의 용울음입니까?"

조산 선사가 대답하였다.

"혈맥이 끊임이 없는 것이니라."

다시 물었다.

"어떤 것이 해골 속의 눈동자입니까?"

조산 선사가 대답하였다.

"말라서 다함이 없는 것이니라."

또 물었다.

"들은 이가 있습니까?"

조산 선사가 대답하였다.

"온 누리에 듣지 못하는 이가 아무도 없느니라."[33)]

또 물었다.

"이 무슨 구절입니까?"

조산 선사가 대답하였다.

"무슨 구절인지는 모르나 듣는 이는 모두가 죽느니라."

---

33) 전등록의 기록에 보면 이 구절이 '盡大地未有一箇不聞'이라고 되어 있으며 이것을 새기면 '온 누리에 듣지 못하는 이가 아무도 없느니라.'라고 할 수 있다. 이것이 법리에 맞으므로 이 구절을 전등록의 기록을 취해서 해석하였다.

조산 선사가 다음과 같이 송하였다.

고목 속의 용울음이여, 비로소 도를 봄이요
해골의 앎 없음이여, 눈이 비로소 밝음이라
기쁨이니 앎이니를 다한 때라, 오고 감을 다했는데
이런 사람에게서 어떻게 흐림이니 맑음이니를 가리랴

僧問曹山耽章 如何是枯木裏龍吟 章曰 血脈不斷 又問 如何是髑髏裏眼睛 章云 乾不盡 又問 有得聞者否 曰盡大地未有一人得聞 又問 未審是何章句 曰不知是何章句 聞者皆喪 乃作偈曰

枯木龍吟方見道
髑髏無識眼初明
喜識盡時消息盡
當人那辨濁中淸

☁ 천동각 선사가 이 칙을 들고 말하였다.

왕은 문 안에 살고, 신하는 문 밖엘 나간 적이 없느니라.

天童覺 拈 王居門裏 臣不出門

☁ 천동각 선사가 상당하여 향엄 선사가 말한 것을 들고 다시 말하였다.

만일 능히 이렇다면 말로 이르지 못하는 곳이 있고, 생각으로도 미치지 못하는 곳이 있을 것이다. 말해보라. 어떻게 행하여야 상응하겠는가? 알겠는가?
바람은 연기와 모래를 휩쓸고, 갈대는 눈[雪]이 덮고 있으며, 배는 들을 가로질러 물을 건너가고, 물은 가을빛에 젖어있다.

又上堂擧香嚴語 師云 若能恁麽去 言語 有所不到 思惟有所不及 且道 作麽生行履 得相應去 還會麽 風掠煙沙蘆擁雪 船橫野渡水涵秋

☁ 천동각 선사가 상당하여 향엄 선사가 말한 것을 들고 다시 말하였다.

귀는 소리에 응하나 메아리가 없고, 눈은 비춤이 있으나 반연이 없다. 광겁[34]의 청정한 법규에 맡겨 원만하니 생사가 이르지 못하는 곳이여!
구름은 가을빛을 연마하고 물은 하늘에 이었어라.

又上堂 擧香嚴語 師云 耳應聲而無響 眼有照而忘緣 曠劫淸規裏許圓 生死死生不到處 雲磨秋色水連天

34) 광겁(曠劫) : 과거의 오랜 겁은 광겁, 미래의 오랜 겁은 영겁(永劫)이라고 한다.

ଓ 천동각 선사가 대중에게 보이고 다시 말하였다.

있으나 있는 것이 아니니 망정의 티끌이 활짝 다하여 홀로 신령하고, 없으나 없는 것도 아니니 묘하게 응함에 같지 아니함을 분별하나 미혹됨이 없다.

그러므로 어떤 선승이 향엄 선사에게 "어떤 것이 도입니까?" 묻자 "해골 속의 눈동자이니라." 하였고, 또 선승이 풍혈 선사에게 "어떤 것이 도입니까?" 묻자 풍혈 선사가 "오봉루 앞이니라." 하고 "어떤 것이 도 가운데 사람입니까?" 하자 풍혈 선사가 "황성사자에게 물으라." 하였으니 여러분은 어떻게 실천하여야 처음과 마지막이 관철되고 겉과 속이 똑같아지겠는가?

알겠는가?

봄에 꽃 속의 벌이 꿀을 빚느라 허벅다리를 움직이고, 달 속의 옥토끼가 서리를 뿜으니 밤공기가 맑구나.

又示衆云 有而不有 情塵豁盡而獨靈 無而不無 妙應差殊而不惑 所以 僧問香嚴 如何是道 至髑髏裏眼睛 又僧問風穴 如何是道 穴云 五鳳樓前 如何是道中人 穴云 問取皇城使 諸人 如何履踐 得始終貫徹表裏通同去 還會麽 花蜂釀蜜春脾凍 月兎噴霜夜氣淸

∽ 운문고 선사가 대중에게 보이고 이 칙을 들고 이어 조산 선사의 말에서 "흐림이니 맑음이니를 가리랴." 한 것에 대해 원오 노인이 "한 사람은 말로 꿰뚫었으나 샘이 있었고, 한 사람은 뜻으로 꿰뚫었으나 샘이 있었으며, 한 사람은 견해로 꿰뚫었으나 샘이 있었다." 한 것까지 들고 말하였다.

여러분은 가려낼 수 있겠는가? 만일 가려낼 수 없다면 수고를 아끼지 않고 여러분에게 설명해 주리라.

향엄 선사는 말로 꿰뚫었으나 샘이 있었으니 말에 속박되어 죽임당했고, 석상 선사는 뜻으로 꿰뚫었으나 샘이 있었으니 망정망식에 속박되어 죽임당했고, 조산 선사는 견해로 꿰뚫었으나 샘이 있었으니 보고 듣고 지각하고 아는 것에 미혹되어 죽임당했다.

분명히 말했으니 안목이 있는 이는 가려보라.

雲門杲 示衆擧此話 連擧曹山語至濁中淸 圓悟老人 云 一人 透語滲漏 一人 透情滲漏 一人 透見滲漏 師云 諸人 還揀得出麽 若揀不出 不惜眉毛 爲諸人說破 香嚴透語滲漏 被語言縛殺 石霜 透情滲漏 被情識使殺 曹山 透見滲漏 被見聞覺知惑殺 分明說了 具眼者 辨取

 대원 문재현은 이 칙을 모두 들고나서 이르노라.

마치 배를 팔면서 배가 뭐냐고 묻고 다니는 사람 같구나.

어떤 것이 도냐고 묻는다면
재송도인 소나무를 가꾸었지

어떤 것이 도 가운데 사람인가
도연명 국화 심듯 일하지

이 도리는 이러-해서 말인데
그 어찌 나의 입을 빌리랴

602칙 선타바

본 칙

향엄 선사에게 어떤 선승이 물었다.

"어떤 것이 왕이 선타바[35]를 찾는 것입니까?"

향엄 선사가 말하였다.

"지나갔으니 이쪽으로 데리고 와라."

그 선승이 다시 조주 선사에게 물었다.

"왕이 선타바를 찾았을 때는 어떠합니까?"

조주 선사는 몸을 굽히고 차수하였다.

香嚴 因僧問 如何是王索仙陀婆 師云 過者邊來 又僧 問趙州 王索仙陀婆時如何 州 曲躬叉手

---

35) 선타바(仙陁婆) : 선타바는 소금, 그릇, 물, 말[馬]의 네 가지 의미를 담고 있다. 열반경의 일화에 어떤 왕이 선타바를 명하면 오직 한 대신만이 때에 맞추어 판단하여 틀리지 않았다 한다. 지혜로운 이를 비유할 때 쓰인다.

ⓒ 설두현 선사가 말하였다.

(향엄 선사가 말한 것을 듣고)
사람 잡도록 둔하구나.

(조주 선사가 말한 것을 듣고)
소금을 찾는데 말을 대령하는구나.

雪竇顯 擧香嚴語云 鈍置殺人 又擧趙州語云 索鹽奉馬

ꩠ 법진일 선사가 이 칙을 들고 말하였다.

노승은 그렇게 하지 않으리라. 누군가가 "왕이 선타바를 찾았을 때는 어떠합니까?"라고 물으면 "군사라야 들어갈 수 있느니라." 하거나 또는 "군대는 장군의 명령을 따라 움직인다." 하리니 제방의 점검에 맡기노라.

法眞一 拈 老僧 卽不然 人問王索仙陀婆時如何 對云 君子可入 又云 軍隨印轉 一任諸方點檢

ꕀ 천동각 선사가 상당하여 이 칙을 들고 이어 설두 선사가 이 칙을 들어 말한 것을 들고 말하였다.

설두 선사는 100년 전의 작가요, 조주는 120세의 옛 부처이라. 조주가 옳다면 설두 선사는 옳지 않을 것이요, 설두 선사가 옳다면 조주가 옳지 않을 것이다. 말해보라. 끝내 어떠한가?

천동이 주를 내지 않을 수 없나니, 털끝만큼 어긋나면 천 리만큼 어긴다.

알았다면 풀을 쳐서 뱀을 놀라게 한 것이고, 모른다면 돈을 살라 귀신을 끌어들임이다.

넓은 밭이건만 늙은 구지를 가려내지 못하는구나. 다만 지금 손이 가는 대로 들었을 뿐이니라.

天童覺 上堂擧此話 連擧雪竇拈 師云 雪竇 一百年前作家 趙州 百二十歲古佛 趙州若是 雪竇不是 雪竇若是 趙州不是 且道 畢竟如何 天童 不免下箇注脚 差之毫釐 失之千里 會也 打草驚蛇 不會也 燒錢引鬼 荒田 不揀老俱胝 只今信手拈來底

 대원 문재현은 이 칙을 모두 들고나서 이르노라.

만약 내게 어떤 이가 “어떤 것이 왕이 선타바를 찾는 것입니까?” 하면 “너 같은 놈이다.” 하고, “왕이 선타바를 찾았을 때는 어떻습니까?” 하면 “이대로만 말하라.” 하리라.

도연명의 남산 봄을 볼 것이며
방 거사의 딸 꾸짖음 알 것이니
대원의 이 같음만 말하게

603칙 붓을 들어 보이다

 본 칙

경조 미호 화상[미칠(米七) 스님이라고도 함]이 왕 상시를 방문했는데 상시가 일을 보던 차에 붓을 들어 보이니 경조 선사가 말하였다.

"허공도 판결하겠는가?"

이에 상시가 붓을 던져버리고 집으로 돌아가서 다시 청하지 않자, 경조 선사가 이상하게 생각하였다.

이튿날, 빙화엄(어떤 책에는 고산 감원이라 하였다)이 차를 마시는 좌석에서 물었다.

"어제 미 화상이 무슨 말을 하였기에 서로 만나지 않습니까?"

상시가 말하였다.

"사자는 사람을 물고, 한나라 개는 흙덩이를 문다."

이에 경조 선사가 이 말을 듣자마자 돌연 나서서 소리 높여 웃으면서 말하였다.

"내가 알았다! 내가 알았다!"

상시가 말하였다.

"안 것은 없지 않거니와 말을 해 보시오."

경조 선사가 말하였다.

"상시가 말해 보시오."

상시가 젓가락 한 짝을 들어 올리니, 경조 선사가 말하였다.

"이 들여우 혼신아!"

상시가 말하였다.

"저 노장이 깨쳤구나."

京兆米胡和尙(亦謂米七師) 訪王常侍 侍視事次 乃擧筆示之 師曰 還判得虛空麼 侍乃擲下筆 入宅更不復請 師致疑 明日憑華嚴(一本鼓山監院) 置茶筵次 設問 昨日米和尙 有何言句 便不得相見 侍云 師子 齩人 韓獹 逐塊 師纔聞 乃遽出朗笑曰 我會也我會也 侍云 會卽不無 你試道看 師云 請常侍擧 侍乃竪起一隻筯 師云 這野狐精 侍云 這漢徹去也

ꩳ 대위철 선사가 이 칙을 들고 말하였다.

미호 화상이 그렇기는 하나 겨우 하나의 말뚝만을 얻었으니, 상시가 말하기를 “저 노장이 깨쳤구나.” 하였으나, 마치 남이 밭 가는 것을 보고 밭을 가는 것과 같았다.

대위는 그렇게 하지 않으리라. 상시가 비록 속인이나 붓끝에 살리고 죽이는 권세가 있고, 미호 화상은 일방의 선지식이지만 그에게 묶이는 것을 벗어나지 못했다. 그때 그가 붓을 던지거든 그에게 말하기를 “내가 본래 저 자를 의심했었다.”라고 했어야 한다.

大潙喆 拈 米胡雖然如是 且只得一橛 常侍云 這漢 徹去 大似看耬打耬 大潙 不然 常侍 雖是箇俗漢 筆下 有生殺之權 米胡 是一方善知識 要且出他綣繢不得 當時 待他擲下筆 但向道 我從來 疑着這漢

 대원 문재현은 이 칙을 모두 들고나서 이르노라.

이 법은 승속이 따로 없음을 보인 장면이라 하겠다.

모양에서 듣지를 못하고
음성에서 보지를 못하여
구걸하는 개가 되어 다니다가
한로축괴 한마디에 웃었구나
일대사 일, 이러해서 말인데
만상이 격외로써 설하네

왕 상시가 만일 나에게 그같이 했다면 "기름집에 와서 기름을 사라는 이로구만." 했을 것이다.

무정한 구름도 이르고
뜰꽃도 벌써 이미 한 짓인데
왕상시 차나 들고 쉬시지

604칙 둘째 머리

 본 칙

경조 미 화상이 선승을 시켜 앙산 선사에게 물었다.

"바로 이때의 사람도 깨달음을 빌려야 합니까?"

앙산 선사가 대답하였다.

"깨달음이 없지는 않다 하겠으나 둘째 머리에 떨어져 있으니 어찌하리까?"

미 화상이 깊이 긍정하였다.

京兆米 令僧 問仰山云 今時人 還假悟也無 山云 悟則不無 爭奈落在第二頭 何 師深肯之

ᔕ 투자청 선사 송

푸른 굴 속, 봉우리 끝, 시험삼아 사람들에게 묻노니
산이 다한 곳 가리켜도 아직 몸이 편치 못한 걸세
중양의 영을 면했으나
어찌 신령한 싹, 봄 범치 않음만 같으랴

投子青 頌
碧岫峰頭借問人
指山窮處未安身
雖然免得重陽令
爭似靈苗不犯春

☁ 천동각 선사 송

미혹을 깨달아 부수었다면 제2위의 분상이라
재빨리 손을 떼어 통발과 그물을 버림이여
공(功) 다하지 못했다는 것도 엄지손가락의 굳은 살이요
지혜 또한 재앙임을 알지니 깨달았다 하면 서제[36]라
얼음소반 같은 달과 눈물 같은 가을이슬
옥나무에 찬 새, 새벽의 차가운 바람일세
가져와 거룩한 앙산의 진가를 가림이여
흠과 티가 전혀 없는 희고 맑은 옥이 값짐일세

天童覺 頌
第二頭分悟破迷　快須撒手捨筌罘
功兮未盡成胼拇　智也難知覺噬臍
兎老冰盤秋露泣　鳥寒玉樹曉風凄
持來大仰辨眞假　痕玷渾無貴白珪

36) 서제(噬臍) : 원문에 서제(噬臍)라고 되어 있는데, 이는 배꼽을 문다는 뜻이다. 사람에게 붙잡히게 된 사향노루가 그 배꼽향내 때문이라고 해서 배꼽을 물어뜯었다는 데에서 비롯된 말이다.

ᯅ 불안원 선사 송

깨달은 사람이면 천이라도 근심 없다 했는데
저가 둘째 머리라 함을 만나 믿어 긍정함이여
한식 지난 뒤의 고요한 산꽃인데
석양은 서에 지고 동으로 물 흐르네

佛眼遠 頌
悟人千个道無憂
肯信遭他第二頭
寂寞山花寒食後
夕陽西去水東流

☁ 투자청 선사가 이 칙을 들고 말하였다.

앙산 선사의 그와 같은 말이 옳기는 하나 도리어 자기에게 떨어짐을 면했다 하겠는가?

만일 면했다 하면 다시 어떤 사람이 전혀 긍정치 않을 것이요, 만일 면하지 못했다 하면 역시 제2위에 떨어진다.

미호 화상이 비록 그를 긍정했으나 자기가 도리어 몸 나올 길은 있는가? 여러분이여, 점검해보라. 만일 점검해 벗어나면 두 사람이 기와같이 부서지고 얼음같이 녹을 것이요, 점검하지 못한다 해도 또한 순간이랄 것도 없다.

投子靑 拈 然 仰山與麽道卽得 還免得自己落麽 若免得 更有一人大不肯在 若免不得 亦落第二頭 米胡 雖然肯他 自己 還有出身之路也無 諸人 試點檢看 若點檢得出 兩人瓦解冰消 若點檢不得 且莫造次

 대원 문재현은 이 칙을 모두 들고나서 이르노라.

소리를 낮추고 낮추시오.

등 뒤의 청산들은 어둠에 묻혀가고
서산 머리 구름은 지금도 금빛이며
파도소리 그대로 고요로운 법계일세

605칙 한 조각 무딘 돌

본 칙

경조 미 화상이 어떤 선승에게 물었다.

"요즘 어디서 떠났는가?"

선승이 대답하였다.

"약산에서 떠났습니다."

미 화상이 다시 물었다.

"약산 노인이 요즘 어떤가?"

선승이 대답하였다.

"마치 한 조각 무딘 돌 같습니다."

미 화상이 다시 물었다.

"그토록 정중한가?"

선승이 대답하였다.

"뽑을 곳도 없기 때문입니다."

미 화상이 말하였다.

"약산뿐 아니라 미호도 그렇다."

선승이 앞으로 나와 돌아보고 서 있자, 미 화상이 말하였다.

“보는 놈을 보아라. 무딘 돌이 움직인다.”
그 선승이 나가버렸다.

京兆米 問僧 近離甚處 云 藥山 師云 藥山老子 近日如何 云 大似一片頑石 師云 得恁麽鄭重 云 也無你提撥處 師云 非但藥山 米胡亦恁麽 僧 進前顧視而立 師云 看看 頑石 動也 其僧 便出

ඏ 설두현 선사가 이 칙을 들고 말하였다.

미호 화상은 주었다 빼앗았다 함이 볼만하나 죽었어도 조문할 이가 없으니 어쩌랴.

雪竇顯 拈 米胡 也縱奪可觀 爭奈死而不吊

ꩠ 위산철 선사가 이 칙을 들고 말하였다.

미호 화상의 한 조각 무딘 돌을 얼마나 많은 사람들이 오갔으나 알지 못했다. 납자가 한 번 봄에 이르러 남쪽을 북쪽이라 함을 변하지 못했네.

潙山喆 拈 米胡好片頑石 多少遊人不識 及乎衲僧一見 不免將南作北

ᨒ 공수 화상이 이 칙을 들고 말하였다.

그 선승이 뽑을 곳도 없는 곳에서 약산을 친히 만나보고, 나중에 미호 화상에게 가서는 물과 젖으로 하나가 되게 한 것 같았다.

그러나 완전한 주인, 완전한 손인 것은 족히 볼만 했지만 다만 사자의 발톱과 어금니가 모자랐느니라.

空叟和尙 擧此話云 這僧 於無提掇處 親見藥山 後到米胡 如水乳合 雖然 全賓全主 足有可觀 只是摠欠師子牙爪在

 대원 문재현은 이 칙을 모두 들고나서 이르노라.

미호 화상의 마지막 말을 잘 살펴야 한다.

백아가 자기를 만났고
남전이 조주를 맞음이니
고수명창 어우러짐이로세

606칙 진정한 이치라면 어떻게 통달합니까?

 본 칙

미호 화상에게 어떤 선승이 물었다.

"예로부터 상현(上賢)들이 진정한 이치를 통달했었습니까?"

미호 화상이 말하였다.

"통달했었느니라."

선승이 다시 물었다.

"만약 진정한 이치라면 어떻게 통달합니까?"

미호 화상이 말하였다.

"그때에 곽광이 가짜 은성(銀城)을 판다고 선우와 계약을 했었는데, 이것을 누가 지었는가?"[37)]

선승이 말이 없었다.

米胡 因僧問 自古上賢 還達眞正理也無 師云 達 僧云 只如眞正理作麽生達 師云 當時霍光 賣假銀城 與單于契書 是什麽人做 僧無語

---

37) 곽광은 한(漢)의 명신으로, 오랑캐인 선우를 진압하기 위해 있지도 않은 은성을 판다고 속여서 진압하였다. 그러므로 은성은 이름뿐이지 실재하는 것이 아니다.

☁ 운문고 선사가 이 칙을 들고 말하였다.

내(徑山)가 그때의 그 선승이었다면 당장에 한마디 해서 그 노장의 입을 막아버렸을 것이다. 말해보라. 어떤 말을 했어야 하는가?
(잠잠히 있다가)
만일 쉽사리 얻게 해 주면 도리어 예사로 보게 되느니라.

雲門杲 擧此話云 徑山 當時 若作這僧 卽下一轉語 塞却這老漢口 且道 下什麽語 良久云 若教容易得 便作等閑看

 대원 문재현은 이 칙을 모두 듣고나서 이르노라.

"이것을 누가 지었는가?" 할 때, 당시 내가 그 선승이었다면 손뼉을 치고 하. 하. 하. 웃으며 나와버렸을 것이다.

607칙 불법의 적실한 대의

본 칙

진주 임제 의현 선사가 황벽 선사의 회상에 있을 적에, 제1좌의 권유에 따라 황벽 선사에게 물었다.

"어떤 것이 불법의 적실한 대의입니까?"

황벽 선사가 곧장 때렸다. 이렇게 하기를 세 차례 거듭하고 이에 하직을 고하니, 황벽 선사는 대우 선사를 만나보도록 명했다.

대우 선사가 물었다.

"어디서 오는가?"

임제가 대답하였다.

"황벽 선사에게서 왔습니다."

대우 선사가 다시 물었다.

"황벽 선사가 무슨 말을 하던가?"

임제가 말하였다.

"제가 세 차례 불법의 적실한 대의를 물었다가 세 차례나 매를 맞았습니다. 제게 무슨 잘못이 있는 것일까요?"

대우 선사가 말하였다.

"황벽 선사가 그같은 노파심으로 그대를 위해 온 힘을 다했거늘, 이제 와서 허물이 있나 없나를 묻는가?"

임제가 이 말 끝에 크게 깨닫고 말하였다.

"황벽 선사의 불법이 원래 별 것이 아니구나."

대우 선사가 임제의 멱살을 잡으면서 말하였다.

"이 오줌싸개 같은 놈이 아까는 허물이 있나 없나 하더니, 이제 와서는 불법이 별 것 아니라니, 네가 무슨 도리를 봤다는 말이냐? 빨리 말하라! 빨리 말해!"

이에 대우 선사의 옆구리를 세 차례 쥐어박으니, 대우 선사가 탁 풀어 밀쳐내며 말하였다.

"그대의 스승은 황벽 선사이다. 나와는 관계가 없느니라."

(이때 진 존숙이 수좌로 있었다.)

鎭州臨濟義玄禪師 在黃蘗會 因第一座勉令問黃蘗 如何是佛法的的大意 蘗 便打 如是三度 乃辭 蘗令見大愚 愚問 什麽處來 師云 黃蘗來 愚云 黃蘗 有何言句 師云 某甲 三問佛法的的大意 三度喫棒 不知有過無過 愚云 黃蘗 恁麽老婆爲你得徹困 更來問有過無過 師於言下 大悟云 元來黃蘗佛法 無多子 愚扭住云 者尿床鬼子 適來道有過無過 如今 却道佛法無多子 你見个什麽道理 速道速道 師便向大愚肋下 築三拳 愚托開云 汝師黃蘗 非干我事(時陳尊宿爲首座)

౧ 천동각 선사 송

날개를 다 편[38] 병아리요
천 리를 달리는 망아지일세
참된 가풍인 피리의 기량이여
신령한 기틀이 고동[39]을 발함일세
낯을 쪼개고 올 때에 번개 치듯 빠르고
미혹의 구름 깨트린 곳, 태양뿐일세
범의 수염을 잡아 끄는 꼴, 본 적이 있는가?
저마다 뛰어나고 뛰어난 대장부일세

天童覺 頌
九包之雛　　　千里之駒
眞風度籥　　　靈機發樞
劈面來時飛電急　迷雲破處大陽孤
捋虎鬚見也無　　箇是雄雄大丈夫

38) 원문에 구포(九包)라고 되어 있는데 '날개를 다 폈다', '성숙되었다'라는 뜻이다.
39) 고동 : 작동을 시작하게 하는 장치.

ꩰ 진정문 선사 송

밑천과 양식에 다시는 조금도 보충할 것 없는데
갈림길에 세월 깊어 굴러 멀어질까 걱정하랴
당장에 세 방망이 아프게 베풂이여
밤이면 전과 같이 갈대꽃밭 잠잔다

眞淨文 頌
資粮更不着些些
歧路年深恐轉賒
直下痛施三頓棒
夜來依舊宿蘆花

ꩲ 진정문 선사가 다시 송하였다.

황벽 선사의 불법이 별 것이 아니라 함이여
대장부 그 어찌 자기를 어심이랴
옆구리에 두어 주먹은 근본을 밝힌 것이니
황벽 선사에게 전해 받아 가져온 것도 아닐세

又頌
便言黃蘗無多法
大丈夫兒豈自乖
肋下兩拳明有信
不從黃蘗付將來

☁ 법진일 선사 송

단제[40]의 가풍이 본래 얼마 안 되어
세 차례 맞았으나 선타바가 못 됐네
대우 선사가 어느 날 경솔히 말이 많았으나
황벽 선사 노파심 원래 이것일세

法眞一 頌
斷際家風本沒多
雖蒙三頓不仙陀
大愚一日輕饒舌
黃蘗元來是老婆

40) 단제(斷際) : 황벽 선사의 호.

ꩰ 동림총 선사 송

천둥 벼락 가풍 행할 적에 계합하여 쉴 것이지
큰 자라 여울로 올라올 것 없었네
몸을 뒤쳐 한 번 마셔 푸른 바다를 다 말리고
사백 주의 산하를 흔들어 놓는다네

東林摠 頌
雷震風行便合休
巨鼇無便上灘頭
飜身一吸滄溟竭
鼓動山河四百州

○ 보녕용 선사 송

날 저문 산악과 바다에 천둥 번개 요란하고
비오는 중, 한 집의 문 시름겹게 닫혔더니
광풍이 홀연 일어 검은 구름 흩으니
대낮에도 하늘에 가득한 별 가려보네

保寧勇 頌
雷電喧轟海岳昏
一家愁閉雨中門
狂風忽起烏雲散
白日滿天星斗分

☁ 백운단 선사 송

한 주먹으로 주먹질하여 황학루를 쓰러뜨리고
한 번 베어 도려내어 앵무주를 뒤집는다
의기가 솟구칠 때, 의기를 더함이여
풍류 없는 곳의 풍류로세

白雲端 頌
一拳拳倒黃鶴樓
一剔剔飜鸚鵡洲
有意氣時添意氣
不風流處也風流

◌ 삽계익 선사 송

이마를 세 번 부딪고[41] 우문[42]으로 내려감에
두 빰에 별이 쪼여 불타듯이 붉더니
하루아침, 홀연히 복숭아꽃 물결에 깨달아
뛰어나게 당당한 가풍 구름 일으킴이여
가풍 구름 냄이여, 머무름 없도다
수염을 잡고 잡아 올라서 영주[43]로 돌아가네
늙은 용과 서로 보며 문답을 함에
밝은 구슬 토해 냄 부끄러울 것 없이 했네

雪溪益 頌
點額三廻下禹門
雙腮曝日赤如焚
一朝忽透桃花浪

---

41) 원문에 점액(點額)이라고 되어 있는데 이 뜻은 올라가려다가 좌절하여 물러서는 것, 낙제하는 것이다. 매년 3월 3일 도화가 필 때에 천지의 기를 느끼고 잉어가 물결을 거슬러 올라가 용이 되나 용문의 폭포 3단계를 넘어갈 때 물결 때문에 이마를 바위에 들이받아 끌어내려졌다는 중국 전설에서 나온 말이다.
42) 우문(禹門) : 우문은 황하(黃河)의 상류에 위치한 용문(龍門)의 폭포(瀑布)를 가리키는데, 하우씨(夏禹氏)가 개착(開鑿)한 곳이라 하여 이렇게 부른다.
43) 영주(瀛洲) : 용문의 위쪽에 있다.

騰騰頭角生風雲
風雲生兮不可留
揚鬚獵獵歸瀛洲
老龍相見還相問
吐出明珠更不羞

○ 숭승공 선사 송

편의를 얻은 것이 편의 잃은 것이니
지혜건만 뒤집는다 하면 어리석음 이룸일세
불법의 대의를 말로써 하지 않고
세 차례에 육십 대를 때려 주었네
황벽 선사의 노파심 지극함을 다하니
대우 노장, 나와는 관계가 없다고 했다네
요즈음, 몸 편히 하는 법을 배워 얻으니
물으면 허물없이 도무지 아는 것이 없다 하네

崇勝珙 頌
得便宜失便宜
智慧飜成愚癡
佛法大意不語
三回六十蒿枝
黃蘗老婆徹困
大愚非干我師
近來學得安身法
問着無過摠不知

∽ 불안원 선사 송

하늘에 닿은 화악을 쪼개어 열고
황하를 방출하여 바나에 이르게 하였네
눈먼 나귀 죽은 뒤 채찍 가지 꺾었는데
이 땅 위에 지금껏 몇이나 알았는가

佛眼遠 頌
擘開華岳連天色
放出黃河到海聲
瞎驢死後蒿枝折
大地如今有幾人

ᯅ 개암붕 선사 송

비 오기 전, 우뢰에 사람이 죽도록 놀라고
흑풍이 몇 차례나 먼지를 일으켰던고
찌를듯한 연기구름 끊어진 후 해오라기
푸른 하늘 밝은 해를 우두커니 보고 있네

介庵朋 頌
未雨先雷驚殺人
黑風幾度卷埃塵
鷺鷥衝斷煙雲後
竚看靑天大日輪

ꩰ 밀암걸 선사 송

한 대에 온 집안이 멸망해 버렸고
두 대째는 자손에게 누가 되었다
은산과 무쇠벽을 모두 뚫고 지남이여
만 리에 구름 없는데 우주인들 나뉘랴

密庵傑 頌
一頓渾家盡滅門
更加兩頓累兒孫
銀山鐵壁俱穿透
萬里無雲宇宙分

☁ 무진 거사 송

임제 선사가 세 여름을 나면서도
황벽 선사의 선을 참구하지 못하자
올라옴에 육십 방을 때리니
손발 놓고 망연했네
노파심 간절했음 홀연히 깨달음을
옆구리에 주먹질을 날듯이 행함이여
아무도 이 뜻을 아는 이 없구려
숲 밑에서 삼현을 설하셨네

無盡居士 頌
林際度三夏
不參黃蘗禪
上來六十棒
手脚遂茫然
忽悟婆心切
飜行肋下拳
無人知此意
林下說三玄

ꕀ 열재 거사 송

한 가지 눈 속의 매화로
문득 봄이 옴을 앎이여
한 잔의 술은 어떠한가?
가득한 수풀이 열리길 기다리랴

悅齋居士 頌
一枝雪中梅
便知春到來
如何一盃酒
須待滿林開

↬ 위산 선사와 앙산의 문답

위산 선사가 앙산에게 물었다.

"임제가 대우 선사의 힘을 입었는가, 아니면 황벽 선사의 힘을 입었는가?"

앙산이 대답하였다.

"범의 수염을 잡아 뽑았을 뿐 아니라 범의 머리에 앉을 줄도 알았습니다."

潙山 擧問仰山 臨濟 得大愚力 黃蘗力 仰山 云 非但捋虎須 亦解坐虎頭

🙜 향산량 선사가 방 안에서 대신 법문을 할 때에 선승에게 물었다.

황벽 선사가 임제를 세 차례 때리니 임제가 깨달았다. 지금 주와 현을 다스리는 이들이 매일같이 밤까지 때리고 있는데 어째서 깨닫지 못하는가?
(대답이 없자 대신 말하기를)
이따위 놈들에게는 배우지 말라.
(또 말하기를)
깨달을 것이 없다고도 말하지 말라.

香山良 室中垂代 問僧 黃蘗打林際三頓棒 林際便悟去 而今 知州知縣 每日打到夜 因什麽不悟 無對 代云 不可摠學這厮兒 又云 莫道不悟

ɞ 백운연 선사가 상당하여 백운단 선사의 송에서 '한 주먹으로'에서 '풍류로세' 한 것까지 들고 말하였다.

대중들이여, 만일 백운의 문하에 왔더라면 여러 사람들에게 주먹질이 필요했을 것이니라.

白雲演 上堂擧白雲端頌 一拳 至也風流 師曰 大衆 若到白雲門下須要衆人助拳

 대원 문재현은 이 칙을 모두 듣고나서 이르노라.

바로 보인 황벽 선사의 크나큰 자비 두 번 보기 어려우리.

도합하여 구십 대의 수고까지 할 것 없네
눈에 보인 모든 것이 벌써 일러 마쳤으니
구구히 혀를 빌어 말할 것도 없다네

달맞이 혜월정 풍경에
자연석 춘원시비 새롭다

푸른 하늘 점점이 널려 있는
백합꽃 흰구름 장관일세

줄 없는 거문고 뜯으면서
밑 없는 술잔으로 즐겨보세

608칙 생매장

 본 칙

임제가 울력에 나가서 풀을 매다가 황벽 선사가 오는 것을 보자 괭이를 짚고 섰으니, 황벽 선사가 말하였다.

"고단한가?"

이에 임제가 말하였다.

"괭이도 들지 않았거늘 무엇이 고단하겠습니까?"

이에 황벽 선사가 때리자, 임제가 방망이를 꽉 붙들고 한 번에 밀어 쓰러뜨렸다.

황벽 선사가 유나를 불러 말하였다.

"유나야! 나를 일으켜라."

유나가 앞으로 가까이 가서 부축하면서 말하였다.

"화상은 어째서 저런 미치광이의 무례한 짓을 용서하십니까?"

황벽 선사가 벌떡 일어나자마자 곧장 유나를 때리니, 임제가 땅을 파면서 말하였다.

"제방에서는 화장을 하지만 나는 이 속에서 일시에 생매장을 하지."

臨濟 因赴普請 鋤地次 見黃蘗來 柱钁而立 蘗云 這漢 困耶 師云 钁也未擧 困个什麽 蘗 便打 師接住棒 一送送倒[44] 蘗 喚維那[45] 維那 扶起我 維那近前扶云 和尙 爭容得者風顚漢無禮 蘗 才起 便打維那 師钁地云 諸方 火葬 我這裏 一時活埋

---

44) 여기서는 '거꾸러진다'는 뜻으로 새겨져야 하므로 장설봉 현토본의 '到'는 오자(誤字)이다.

45) 유나(維那)이므로, 장설봉 현토본의 '邦'는 오자(誤字)이다.

ↂ 대각련 선사 송

도둑의 몸 드러냄에
주인이 떨쳐 일어나자마자
그 날도적에게 거듭 밟힘이여
뒤를 쫓던 순라가 죄를 뒤집어썼으니
머리가 광주리같이 어리석고 완고하여, 드러났건만 통하지 못하였네
몸을 뒤집어 땅을 파면서 모두 생매장을 한다 함이여
자손을 모두 잃었는데 돌아볼 이 누구일꼬
도적이 온 길 묘연하여 잃어버렸구료

大覺璉 頌
賊身已彰變主
才怒却被白拈
重踏做邏蹤人兮
受贓污栲着癡頑
不通露翻身
掘地盡生埋
兒孫俱喪何人顧
杳然失了賊來路

☁ 진정문 선사 송

기를 뺏고 북을 잡아채 빼앗음에 정신을 차리고 보니
부자가 친해도 법에서는 친하지 않았네
사해에서 참선하는 납자에게 알리노니
나무그루나 지키는 바보가 되지 말라[46)]

眞淨文 頌
奪旗掣鼓着精神
父子雖親法不親
爲報四方禪者道
等閑莫作守株人

46) 원문에 수주(守株)라고 되어 있다. 옛 송나라의 한 농부가 밭일을 하다가 우연히 나무그루에 토끼가 부딪쳐 죽은 것을 잡은 후 또 그와 같이 토끼를 잡을까 하여 일도 하지 않고 나무그루만 지켜보고 있었다는 고사에서 온 말. 수주대토(守株待兎).

∞ 위산 선사와 앙산의 문답

위산 선사가 앙산에게 물었다.
"황벽 선사가 유나를 때린 뜻이 무엇인가?"
앙산이 말하였다.
"참 도적은 달아났는데, 뒤를 좇던 순라꾼이 매를 맞았습니다."

潙山 問仰山 黃蘗 打維那意作麼生 仰云 正賊走却 邏蹤人喫棒

ᢁ 대홍은 선사가 이 칙을 들고 말하였다.

밀어서 쓰러뜨림에 붙들어 일으키는 것은 만고의 풍속과 법규요, '화상을 하지만 생매장한다'고 한 것은 제방의 본보기라 하겠지만, 비록 그러나 바른 눈으로 관찰하건대 일시에 묻힘을 면치 못하리라.

大洪恩 拈 推倒扶起 萬古風規 火葬活埋 諸方榜樣 然雖如是 若以正眼觀來 未免一時埋却

☁ 대위철 선사가 이 칙을 들고 말하였다.

황벽 선사를 땅에 쓰러뜨리자 유나가 붙들어 일으키니 '화장을 하지만 생매장한다' 함이여. 청정한 가풍 그칠 줄 모름일세.

大潙喆 拈 黃蘗倒地 維那扶起 火葬活埋 淸風未已

⌓ 불안원 선사가 상당하여 이 칙을 들고 말하였다.

대중들이여, 그때의 주장자가 지금 문득 나(龍門)의 손아귀에 있나.

(주장자를 들어 올리고)

대중들이여!

임제 선사의 수단이 있는가? 나오라. 나오거라. 내가 도리어 놓아주리라.

(주장자를 던지고 몸을 던져 쓰러지면서)

붙들어 일으킬 이는 나오라.

(잠잠히 있다가)

이미 임제 선사와 같은 이가 없으니 또한 일으킬 사람도 없구나. 내가 스스로 일으키고 스스로 쓰러진 것이 무슨 소용이 있으랴.

(방으로 돌아가다)

佛眼遠 上堂擧此話云 大衆 當時柱杖子 如今 却在龍門手裏 乃提起召大衆曰 還有臨濟手段底麼 出來出來 龍門 却是放得下 遂擲下柱杖放身便倒曰 有扶起者 出來 良久曰 旣無臨濟之人 又無扶起之者 龍門 自起自倒 有甚用處 歸堂去

 대원 문재현은 이 칙을 모두 듣고나서 이르노라.

당시의 이 사람이 유나였다면 황벽 선사를 일으키며 "생매장도 좋으나 이렇게 더불어 즐기는 것도 좋지 않습니까?" 했으리라.

임제 선사의 함, 함이 옳기는 심히 옳으나
말뚝에 매여 있는 당나귀를 못 면했군

개울 타고 오는 바람, 품에 스미고
가을하늘 백로와 흰구름 한가롭네

능선 암반 따뜻한 햇볕이 좋아서
일백봉을 눈 아래 둔 호연지기 누림을…

609칙 어째서 제 손에 있습니까?

 본 칙

임제가 황벽 선사에게 있던 어느 날, 울력을 하는데 임제가 뒤에 따라가니 황벽 선사가 돌아보고 임제가 맨손인 것을 보자 물었다.

"괭이는 어쨌는가?"

임제가 말하였다.

"어떤 사람이 가지고 있습니다."

황벽 선사가 말하였다.

"가까이 오라. 그대와 논의할 일이 있느니라."

임제가 선뜻 가까이 가니 황벽 선사가 괭이를 세우면서 말하였다.

"이것은 천하 사람들이라도 잡아 일으키지 못한다."

이에 임제가 그의 손에서 빼앗아서 번쩍 들고 말하였다.

"어째서 제 손에 있습니까?"

황벽 선사가 말하였다.

"오늘 여러 사람이 울력을 나왔구나."

방으로 돌아갔다.

臨濟 在黃蘗 一日普請次 師在後行 蘗 廻頭見師空手 乃問 钁頭在什麽處 師云 有一人 將去了也 蘗云 近前來 共汝商量箇事 師便近前 蘗 竪起钁頭云 秖這个天下人 拈掇不起 師就手掣得竪起云 爲什麽却在某甲手裏 蘗云 今日大有人 普請 便歸院

ꔰ 위산 선사와 앙산의 문답

위산 선사가 이 칙을 들어 앙산에게 물었다.

"괭이가 황벽 선사의 손에 있거늘 어째서 임제에게 빼앗겼는가?"

앙산이 대답하였다.

"도적이 소인이기는 하나 지혜는 군자보다 더 나으니라."

潙山 擧此話 問仰山 钁頭 在黃蘗手裏 爲什麽 却被臨濟奪却 仰山 云 賊是小人 智過君子

 대원 문재현은 이 칙을 모두 들고나서 이르노라.

사자의 굴에는 사자만이 산다 했던가. 과연 과연일세.

해는 서산, 달은 동산 덩실하게 얹혀 있고
김제의 평야에는 가을빛이 가득하네

대천이란 이름자도 서지를 못하는데
석양의 마을길엔 사람들 오고 가네

황벽과 임제인들 이 밖의 분일까
컹컹 짖는 개소리에 들길 더 고요하네

610칙 소나무를 심다

본 칙

임제가 황벽 선사에게 있으면서 소나무를 심는데, 황벽 선사가 물었다.

"이렇게 깊은 산 속에 그렇게 많은 소나무를 심어서 무엇하겠는가?"

임제가 말하였다.

"첫째는 산문의 경치를 만들려는 것이요, 둘째는 뒷사람에게 저의 뜻을 보이려는 것입니다."

곧 괭이로 땅을 세 차례 때리자, 황벽 선사가 말하였다.

"그러나 벌써 나의 방망이 30대를 맞았느니라."

이에 임제가 괭이를 땅에 세우고 후후 부는 소리를 짓자 황벽 선사가 말하였다.

"나의 종(宗)이 그대에 이르러서 세상에 크게 흥하리라."

臨濟 在黃蘗 栽松次 蘗云 深山裏 栽許多松 作什麽 師云 一與山門

作境致 二與後人作標榜 道了便將钁打地三下 蘗云 雖然如是 已喫吾三十棒了也 師以钁柱地 作嘘嘘聲 蘗云 吾宗到汝大興於世

ᔓ 대각련 선사 송

한 괭이, 두 괭이를 마른 땅에 내림이여
온 산에 푸른 솔을 모두 다 심었네
한 번 불고 두 번 불어 나귀의 냄새마저 거두기를 다함이여
괭이를 세우고 숨쉬는 기운마저 없었음을 점검하고
나의 종이 그대로 하여 크게 홍하리라 했네
쌍림에서도 그와 같지 아니했다면 두 발을 거두었을 것을…

大覺璉 頌
一钁兩钁地乾索索
遍嶺青松皆總着
一嘘再嘘困遮臭驢
柱却钁頭點氣無
吾宗大興由汝扶
雙林不爾收雙趺

◌ 열재 거사 송

우리 종에 옛 기록이 전하니
괭이를 두 번 들어 땅을 침이여
가령 종요[47]의 솜씨가 있다 해도
옛 사람의 뜻을 그대로 옮기지는 못했다 하리

悅齋居士 頌
吾宗有古記
兩下鍬拍地
縱有鍾繇手
莫寫古人意

47) 종요(鍾繇) : 삼국시대 위나라의 초서에 능했던 서예가.

☁ 위산 선사와 앙산의 문답

위산 선사가 이 칙을 들어 앙산에게 물었다.

"그때에 황벽 선사가 임제에게만 부촉했는가, 다른 이에게도 전했는가?"

앙산이 말하였다.

"있기는 있으나 그 연대가 너무 심원하여 화상께 들어서 비교하고 싶지 않습니다."

위산 선사가 말하였다.

"그렇기는 하지만 나도 알고자 하노라."

앙산 선사가 말하였다.

"어떤 사람이 가르쳐 인도하는 것이 오나라와 월나라[48]의 영을 행하듯 갈팡질팡하다가 큰 가풍을 만나 바로 만족하였습니다."

潙山 擧此話 問仰山 當初黃蘗 祇囑付臨濟一人 別更有在 山云 有卽有 祇是年代深遠 不欲擧似和尙 潙山云 雖然如是 吾亦要知 山云 有一人 指南 吳越令行 遇大風卽止

---

48) 춘추시대 오(吳)와 월(越), 두 나라가 오랫동안 서로 싸운 데에서 서로 화합할 수 없는 원수 사이를 비유한다.

㉾ 대위철 선사가 이 칙을 들고 말하였다.

임제 선사의 그런 것은 평지에서 거꾸러진 것 같구나. 비록 그러나 위험에 임해 변함 없었으니 비로소 대장부라고는 하리.
황벽 선사가 "나의 종이 그대에 이르러 크게 번창하리라." 하니 이는 아기를 귀여워하다가 추한 줄도 모르는 꼴이니라.

大潙喆 拈 臨際恁麽 大似平地喫交 雖然如是 臨危不變 方稱丈夫
黃蘗云 吾宗 到汝大興於世 也是憐兒不覺醜

☁ 불안원 선사를 위해 오 거사가 암자를 짓고 상당 법문을 청하기에 불안원 선사가 이 칙을 들고 말하였다.

대중들이여! 임제 선사가 솔을 심은 것은 가히 뿌리가 항하사 세계에 두루하고 잎이 수미산을 덮었다 하리라. 삼현십성의 쉬고 쉬는 법이라 할 것이며, 모든 부처님들과 조사들의 지음을 그친 경지이니, 그러므로 후세의 자손들이 창성하고 종의 가지가 길이 무성하여 예로부터 오늘에 이르기까지 면면히 끊임이 없었다.

오늘, 이 대중 가운데서 어떤 선객이 나서서 "깊은 산 속에 암자를 지어 무엇하겠는가?" 하면 산승은 다만 그에게 "첫째는 산문의 경치를 만들려는 것이요, 둘째는 뒷사람에게 나의 뜻을 보이려는 것이다." 하리라. 말해보라. 옛 사람과의 거리가 얼마나 되는가?

대중들이여!

'첫째는 산문의 경치를 만들려는 것이다.'

보는 이로 하여금 당장에 배울 것 없는 경지에 뛰어오르게 한다.

'둘째는 뒷사람에게 나의 뜻을 보이려는 것이다.'

범부 · 성인 · 미혹 · 깨달음이 모두 한 모양이라. 만일 이 총림에서 초월해서 초월했다는 것마저 서지 못하는 관문을 누군가가 밟기만 하면 그 기쁨이 무량하리라.

佛眼遠 因吳居士爲瓶庵 請上堂 擧此話云 大衆 林際所栽者松 可謂根盤沙界 葉覆彌盧 三賢十聖 爲憩息之方 諸佛祖師 爲作止之地 故得後代子孫 昌盛 永茂宗枝 自古及今 綿綿不斷 如今衆中 若有一員禪客 出來道 深山裏 用起庵作麽 山僧也只向伊道 一與山門作境致 二與後人作標榜 且道 與古人相去多少 大衆 一與山門作境致 見者頓超無學地 二與後人作標榜 凡聖迷悟 皆一樣 若是叢林向上關 有人踏着喜無量

ꕤ 심문분 선사가 상당하여 이 칙에서 괭이로 땅을 때렸다는 것까지 들고 말하였다.

여러 선넉들이여! 괭이를 들어 땅을 두드려서 무한한 경치를 지어내었다. 문 밖에 나서서도 털끝만한 것도 볼 것 없으나 산 앞과 산 뒤가 울창하여 푸르고 푸르다.
임제 선사의 종강(宗綱)이 어찌 별다른 것이 있겠는가? 납자는 다만 할하는 소리 높은 줄만 알고, 나무그루를 지나친 줄은 알지 못한다.

心聞賁 上堂擧此話 至钁頭打地 師云 好諸禪德 钁子 拈來打地 做出無限境致 出門 不見一絲毫 山前山後蔚蒼翠 林際宗綱[49] 豈有別異 衲子 只認喝聲高 不知蹉過根株事

49) 장설봉 현토본의 '網'은 오자(誤字)이다.

 대원 문재현은 이 칙을 모두 듣고나서 이르노라.

마음밖엔 다른 물건 없는 분의 함이 무엇이겠는가?
아차차.

임제 선사 소나무 심은 뜻이 무엇이랴
경치에 취하여서 지나치지 말아라
산하의 돌과 수풀, 머리마다 물건마다
온전히 드러났다, 자세히 보아라

611칙 불도 가져오라

 본 칙

임제 선사가 하직을 고하니, 황벽 선사가 물었다.

"어디로 가는가?"

임제 선사가 대답하였다.

"하남이 아니면 하북입니다."

이에 황벽 선사가 때리자, 임제 선사가 방망이를 잡아 멈추게 하고 한 대 때리니, 황벽 선사가 껄껄 웃고 시자를 불러 말하였다.

"선사(先師)의 선판(禪板)과 불자를 가져오라."

이에 임제 선사는 시자를 불러 말하였다.

"불도 가져오라."

황벽 선사가 말하였다.

"그대는 그저 가져가기만 하라. 뒷날 그대가 천하 사람들의 혀끝을 멈추게 하리라."

臨濟 辭黃蘗 蘗問 什麽處去 師云 不是河南 便是河北 蘗 便打 師

約住棒 遂與一掌 藥 呵呵大笑 喚侍者 將先師禪板拂子來 師召侍者 將火來 藥云 汝但將去 已後 坐却天下人舌頭去在

☁ 해인신 선사 송

사제 간의 작별을 고하는 뜻, 먼 것이 아니기에
선판을 갖다가 불 사루라 한 걸세
부처도 조사도 자기 목숨도 소중히 할 것 없거늘
그 밖의 신행[50]을 길이 누가 떠받치고 다니랴

海印信 頌
師資叙別意非遙
禪板將來命火燒
祖佛已靈猶不重
贐行餘長孰擎挑

50) 신행(贐行) : 떠나는 사람에게 송별연을 열거나 시문, 금품 따위를 주어 석별의 정을 베푸는 것.

☁ 숭승공 선사 송

한 대 때림이여, 기틀에 쉬라 한 줄 모르랴
다시 불을 찾자 그야말로 더욱 알게 되었네
비록 부자간에 전하는 곳이라 하지만
스승과 제자, 비밀히 전함에 누가 얻는다 하랴
눈동자에 광명이랄 것도 없건만 부질없이 눈을 깜박이니
정수리의 눈을 긍정한다 해도 눈썹을 치켜올린다네
가련한 위산이 앙산을 애지중지하여 도우려 함이 지나쳤으나
부처님 은혜 갚음이여 이와 같이 하는 무리라 할 걸세

崇勝珙 頌
一掌由來未息機
更須索火乃方知
雖云父子相傳處
誰得師資密付時
瞳子無光空瞬目
頂門有眼肯揚眉
可憐潙仰助哀甚
報佛恩兮徒爾爲

∽ 위산 선사와 앙산의 문답

위산 선사가 이 칙을 들어 앙산에게 물었다.

"임제가 황벽 선사의 뜻을 저버린 것이 아닌가?"

앙산이 말하였다.

"그렇지 않습니다."

위산 선사가 말하였다.

"그대는 어떤가?"

앙산이 대답하였다.

"은혜를 알고야 비로소 은혜를 갚을 줄도 아는 것입니다."

위산 선사가 다시 물었다.

"위로부터 은혜를 갚은 일이 있었던가?"

앙산이 말하였다.

"있습니다마는 다만 연대가 너무 심원하여 화상께 들어 비교하고 싶지 않습니다."

위산 선사가 말하였다.

"나는 그래도 모르겠으니 그대가 말해보라."

앙산이 말하였다.

"능엄회상 아난이 부처님을 찬탄하기를 '이 깊은 마음으로 티끌 같이 많은 세계를 받드는 것이 부처님의 은혜를 갚는 것입니다.' 하였으니 이 어찌 은혜를 갚는 것이 아니겠습니까?"

위산 선사가 말하였다.

"옳다. 견해가 스승과 같으면 스승의 덕보다 반이 적고, 견해가 스승보다 지나야 비로소 전해 받을 수 있느니라."

潙山 擧問仰山 林際 莫辜負他黃蘗也無 仰云 不然 潙云 子 作麽生曰 知恩 方解報恩 潙云 從上 莫有報恩事不 仰云 有 只是年代深遠不欲擧似 潙云 吾且不知 子但擧看 仰云 如楞嚴會上 阿難讚佛云 將此深心奉塵刹 是則名爲報佛恩 豈不是報恩之事 潙云 如是如是 見與師齊 減師半德 見過於師 方堪傳授

ᨒ 개암붕 선사가 상당하여 이 칙을 들고 말하였다.

황벽 선사가 그렇게 전해 주었으니, 그때에 땅을 치던 방망이는 어니로 갔는가? 나중 사람들이 "노파심이 지나쳐서 아기를 귀여워 하다가 추한 줄 모른다." 함을 면하겠는가?

조상이 밝지 못해서 재앙이 자손에 미친 줄 누가 알리오! 임제 선사가 그렇게 부촉을 받았으니 과연 앉은 자리에서 천하 사람들의 혀를 멈추게 했던가?

자세히 점검해 보건대 아직 하나가 모자란다. 만일 나(新惠安)라면 그렇게 하지 않으리라. 비록 선판이나 불자를 전해 줄 사람은 없으나 황벽 선사와 임제 선사의 한결같은 경지보다 훨씬 뛰어나니라.

감히 대중들에게 묻노니 말해보라. 나에겐 무슨 장기가 있는가?

(주장자를 높이 들어 한 번 내리치고)

시퍼런 칼은 열사에게 주고, 연지와 분은 미인에게 준다.

만일 이 속을 알면 앉은 자리에서 천하 사람들의 혀끝을 멈추게 할 수 있겠지만, 그렇지 못하다면 다시 게송 하나를 들으라.

마음 공함에 급제함을 만족해 자랑 말라
몸 뒤집어 한 번 차면 산하도 없어지네
납자의 살림살이 얼마랄 것 없으나
한 자 물로 능히 만 길 파도 일으키네

介庵朋 上堂擧此話云 黃蘗 恁麽分付 當時打他底棒 向什麽處去耶 還免得後人 道老婆心切 憐兒不覺醜麽 誰知祖禰不了 殃及兒孫 臨濟恁麽受囑 還坐得天下人舌頭斷麽 子細撿點將來 猶欠一着 若是新惠安 卽不然 雖無人分付禪板拂子 須要高出黃蘗臨濟一頭地 敢問大衆且道 新惠安 有什長處 以柱杖卓一下云 猛釰 付與烈士 紅粉分付佳人 若向這裏 會得 管取坐斷天下人舌頭 其或未然 更聽一頌

及第心空未足誇
翻身一蹋沒山河
衲僧活計無多子
尺水能興萬丈波

 대원 문재현은 이 칙을 모두 들고나서 이르노라.

황벽 선사, 임제 선사시여, 이 무슨 짓인가?

황벽, 임제 선사시여 하. 하. 하.
여름산은 저렇게 짙푸르고
하늘에 흰구름은 한가롭네

612칙 기틀에 칼날을 펴지 않고 어떻게 이길 수 있습니까?

본 칙

임제 선사가 용광 선사에게 물었다.

"기틀에 칼날을 펴지 않고 어떻게 이길 수 있습니까?"

용광 선사가 자리에 기대자, 임제 선사가 말하였다.

"큰 선지식이 어찌 방편이 없겠습니까?"

이에 용광 선사가 눈을 부릅뜨고 똑바로 보며 말하였다.

"와!"

임제 선사가 손으로 가리키면서 말하였다.

"저 노장이 오늘 졌다."

임제 선사가 바로 떠나버렸다.

臨濟 問龍光 不展機鋒 如何得勝 光 據坐 師云 大善知識 豈無方便 光 乃瞪目曰嗄 師以手指曰 這老漢 今日敗闕也 便行

☁ 운문고 선사가 이 칙을 들고 말하였다.

애석하다! 용광 선사가 그를 놓쳤도다. 그러나 임제 선사를 구제했어야 옳다.

雲門杲 擧此話云 可惜龍光 放過這漢 雖然如是 也須救取林際老漢始得

○ 운문고 선사가 계하에 갔다가 청을 받고 상당하여 다시 말하였다.

아까 당두 법숙 선사 덕분에[51] 임제 선사가 용광 선사에게 방문한 인연을 말하는 것을 손님 입장에서 주재하는 것을 듣다가 감히 엄명을 좇지 않을 수 없어 이제 간략히 여러분에게 주를 내어 주리라.

용광 선사가 자리에 기댄 것이 비록 말은 없었으나 그 소리가 우뢰와 같다.

임제 선사가 "저 노장이 오늘 졌다." 했는데, 당두 법숙이 "어디가 진 곳인가?" 하니 내(妙喜)가 이르노라.

길은 멀고 밤은 긴데 횃불을 잡지 않고 여럿이 모두 몹시 바람 부는 어둠 속을 다닌다.

又到啓霞 請上堂 適來蒙堂頭法叔禪師 擧臨濟訪龍光因緣 客聽主裁 敢不依嚴命 略與諸人 下箇注脚 龍光 據坐 雖然無語 其聲 如雷 臨濟云 這老漢 今日敗闕 堂頭法叔禪師道 那裏是他敗闕處 妙喜道 路遠夜長休把火 大家吹殺暗中行

51) 원문에 몽(蒙)이라고 되어 있는데 일상에서 흔히 쓰는 상용어투이다. '은덕을 입다', '은덕을 받았다'라는 의미로 여기에서 쓰일 때에는 '~덕분에'라고 새길 수 있다.

ᯅ 공수 화상이 이 칙을 들고 말하였다.

두 큰 스님이 만났는데 하나는 용이 뿔 없는 것 같고, 하나는 뱀에 발이 있는 것 같다. 누구든지 이를 가려내면 그는 천하를 멋대로 다녀도 좋다 하리라.

空叟和尙 擧此話云 二大老相見 一人 如龍無角 一人 似蛇有足 若人 檢點得出 許你天下橫行

 대원 문재현은 이 칙을 모두 듣고나서 이르노라.

배부른 사자 먹이를 탐하지 않으니, 하룻강아지 겁 없이 놀다간 꼴일세.

기대서 통째로 보였건만
두 입술 나불나불 거리니
눈 부릅떠 "와!" 했거늘 이 애송아

613칙 어찌 살을 도려내어 종기를 만들리오

본 칙

임제 선사가 봉림 선사에게 가니 봉림 선사가 물었다.

"일이 있으니, 물어봐도 되겠는가?"[52]

임제 선사가 말하였다.

"어찌 살을 도려내어 종기를 만들리오."

봉림 선사가 말하였다.

"바다의 달은 맑아서 그림자가 없거늘, 노는 고기가 스스로 미하도다."

임제 선사가 말하였다.

"바다의 달이 이미 그림자가 없다면 노는 고기가 왜 미합니까?"

봉림 선사가 말하였다.

"바람을 보면 물결 이는 것을 알 수 있고, 노는 돛을 보면 물의 흐름을 알 수 있다."

임제 선사가 말하였다.

---

52) 원문에 상차(相借)라고 되어 있는데 일상에서 흔히 쓰는 상용어투로서, 동의를 구하는 말이다. 그래서 뒤의 말과 어울려 '물어봐도 되겠는가?'라고 새겨졌다.

"외로운 달 강산에 고요히 홀로 비치니, 스스로 웃는 한 소리에 천지도 놀라네."

봉림 선사가 말하였다.

"세 치의 혀를 가지고 천지를 빛내는 일 마음대로 해라만, 기틀에 임한 한 구절을 일러보라."

임제 선사가 말하였다.

"길에서 검객을 만나거든 검을 내놓고, 시인이 아니거든 시를 바치지 말라 했습니다."

봉림 선사가 그만두자, 임제 선사가 다음과 같이 송하였다.

큰 도는 같다 함도 끊어짐에서
마음대로 동서로 향한다네
돌 부딪는 불똥으로도 미치지 못하고
번갯빛으로 꿰뚫었다 해도 돌아서 가는 것일세

臨濟 到鳳林 林問 有事 相借問得麼 師云 何得剜肉作瘡 林云 海月澄無影 遊魚獨自迷 師云 海月旣無影 遊魚何得迷 林云 觀風看浪起 翫水野帆飄 師云 孤輪獨照江山靜 自笑一聲 天地驚 林云 任將三寸輝天地 一句臨機試道看 師云 路逢劒客須呈劒 不是詩人莫獻詩 林便休 師乃有頌

大道絶同

任向西東

石火莫及

電光枉通[53]

53) 동국대 역경원본의 '抂'과 장설봉 현토본의 '枉'는 고대에 동자(同字)였다.

౿ 위산 선사와 앙산의 문답

위산 선사가 앙산에게 물었다.

"임제가 '돌 부딪는 불똥으로도 미치지 못하고 번갯빛으로도 통하기 어렵다네.' 하니 위로부터의 여러 성인들은 무엇으로 사람을 제도하였겠는가?"

앙산이 말하였다.

"화상께서는 어떠하십니까?"

위산 선사가 말하였다.

"다만 말만 있을 뿐이요, 도무지 실제 뜻은 없느니라."

앙산이 말하였다.

"그렇지 않습니다."

위산 선사가 말하였다.

"그대는 어떻게 생각하는가?"

앙산이 말하였다.

"법으로는 바늘 하나 용납되지 않으나 사사로이는 거마도 통합니다."

위산 선사가 말하였다.

"그러하고 그러하느니라."

潙山 問仰山 林際道石火莫及 電光枉通 從上諸聖 以何爲人 仰云和尙 作麽生 潙云 但有言說 都無實義 仰云不然 潙云 子又作麽生仰云 官不容針 私通車馬 潙云 如是如是

 대원 문재현은 이 칙을 모두 듣고나서 이르노라.

어찌 혀를 빌 것인들 있겠는가?

내 혀를 빌기 전에 모든 것이
저렇게 일제히 이르노니
두 스님 차나 듦이 좋겠소

수행의 노래

대원 문재현 선사님 작사

여기에 실린 것들은 모두 대원 문재현 선사님께서 직접 작사하신 곡들이다.

수행의 길로 들어서게끔 신심, 발심을 북돋아주는 곡으로부터 수행의 길로 접어든 이의 구도의 몸부림이 담겨있는 곡, 대승의 원력을 발해서 교화하는 보살의 자비심과 함께 낙원세계를 누리는 풍류를 그려놓은 곡까지 가사 한마디, 한마디가 생생하여 그 뜻이 뼛속 깊이 새겨지고 그 멋에 흠뻑 취하게 된다.

대원 문재현 선사님께서는 거칠고 말초적인 요즘의 노래를 듣고 이러한 정서를 순화시키고자, 또한 수행의 마음을 진작시키고자 하는 뜻에서 이 곡들을 작사하셨다.

사 색

1. 조용히 눈 감고서 참나를 살펴봐요
   갖은 생각 모든 행이 이로 좇아 있건만은
   색깔도 모양도 없어 알고파서 사색일세
   모든 걸 내려놓고 쉬는 시간 사색으로
   한 걸음 또 한 걸음 다가서는 노력 다해
   기어이 성취하여 낙원의 삶 누리려네

2. 조용한 사색으로 깨달아 살펴보면
   온갖 지혜 모든 덕이 이로 좇아 있음에
   그 능력 베풀고 펼쳐 누리려고 수행일세
   모두를 다 비우고 님의 자취 따름으로
   한걸음 또 한걸음 극락세계 다가가서
   기어이 성취하여 너나 없이 누려보세

천부경을 아시나요

1. 우리 조상 깊은 진리 천부경을 아시나요
여든 한자 속에 누리의 온 이치를 남김없이 담으셨네
필부의 사내라도 마음을 갈고 닦아
영원한 참나 깨쳐 환인 큰 은혜에 보답해 사세

2. 바른 진리 깨달아서 이 세상을 바로 봐요
마음의 능력으로 펼쳐놓은 장엄이라 화려하고 아름답네
이 땅인 이대로가 낙원의 세계이니
노래와 춤으로써 어깨동무하고 영원히 사세

서 원 가

1. 참나를 깨달아서 보림을 하고
다가올 내 앞날의 서원이라네
기어코 육바라밀 성취를 하여
불보살님 큰 은혜에 보답하면서
영원히 구제의 길 나는 가리라

2. 보살의 가는 길이 험난타 해도
맹세코 초지일관 서원이라네
구류를 그릇 따라 깨닫게 하여
스승님의 큰 은혜에 보답하면서
영원히 구제의 길 나는 가리라

3. 중생이 끝이 없다 말들을 해도
보현의 만행 다해 제도를 하여
유정과 무정 모두 다한 그날이
삼보님의 큰 은혜를 갚는 날이니
영원히 구제의 길 나는 가리라

님은 아시리

1 부

1. 사계절의 풍광인들 위로되겠니
   서사시의 음률인들 쉬어지겠니
   뜻과 같이 되지 않아 기도에 젖은
   이 마음 님은 아시리
   한 세상 열정 쏟아 닦는 수행길
   불보살님 출현하셔 베푼 자비에
   모든 망상, 모든 번뇌 없었으면 좋으련만
   마음대로 안 되는 게 수행이더라, 수행이더라, 수행이더라

2. 사계절의 풍광인들 위로되겠니
   서사시의 음률인들 쉬어지겠니
   뜻과 같이 되지 않아 기도에 젖은
   이 마음 님은 아시리
   청춘의 모든 욕망 사뤄버리고
   회광반조 촌각 아낀 열정 쏟아서
   이룬 선정 그 효력이 있었으면 좋으련만
   마음대로 안 되는 게 보림이더라, 보림이더라, 보림이더라

3. 사계절의 풍광인들 위로되겠니
서사시의 음률인들 쉬어지겠니
뜻과 같이 되지 않아 기도에 젖은
이 마음 님은 아시리
억겁의 모든 습성 꺾어보려고
갖은 노력 갖은 인내 온통 쏟아서
세월 잊은 보림 성취 있었으면 좋으련만
마음대로 안 되는 게 성불이더라, 성불이더라, 성불이더라

2 부

1. 사계절의 풍광인들 비유되겠니
가릉빈가 음률인들 비교되겠니
뜻과 같이 자유자재 베풀어 놓고
한없이 즐기시련만
그러한 대자유의 삶을 접고서
중생들을 구제하러 삼도에 출현
갖은 역경 어려움을 감내하는 자비로써
깨워주는 그 진리에 눈을 뜨거라, 눈을 뜨거라, 눈을 뜨거라

2. 사계절의 풍광인들 비유되겠니
가릉빈가 음률인들 비교되겠니
뜻과 같이 자유자재 베풀어 놓고
한없이 즐기시련만
억겁을 다하여도 끝이 없을 걸
알면서도 해내겠다 나선 님의 길
가시밭길 험난해도 일관하신 그 자비에
구류중생 깨달아서 정토 이루리, 정토 이루리, 정토 이루리

3. 사계절의 풍광인들 비유되겠니
가릉빈가 음률인들 비교되겠니
뜻과 같이 자유자재 베풀어 놓고
한없이 즐기시련만
낙원의 모든 즐김 떨쳐버리고
삼악도를 낙원으로 이뤄놓겠다
촌각 아낀 그 열정에 모두 모두 감화되어
이 땅 위에 님의 소원 이뤄지리라, 이뤄지리라, 이뤄지리라

교 화 가

1. 주장자 떨쳐메고 방랑 삼천계
   흰구름 뜬 고개 넘어 오신 님이 누구뇨
   사바세계 중생들을 구제를 할 때
   갖은 방편 어려움도 웃어넘는 스승님

2. 주장자 떨쳐메고 방랑 삼천계
   흰구름 뜬 고개 넘어 오신 님이 누구뇨
   구류중생 그릇 따라 교화를 할 때
   제 안경에 갖은 시비 웃어넘는 스승님

3. 주장자 떨쳐메고 방랑 삼천계
   흰구름 뜬 고개 넘어 오신 님이 누구뇨
   화장세계 열어놓고 노래를 하며
   춤을 추는 이 환희를 함께 하잔 스승님

보살의 마음

1. 파도에 실려 떠가는 낙엽같이 살아가는 인생
구원코자 따라주며 같이 하는 자비인데
제 안경에 보인 대로 말들 하지만
못 들은 척 모르는 척 최선 다하리
바른 눈, 바른 맘 통쾌히 열어라
아 그날이 오기만을 기다리는 마음

2. 파도에 실려 떠가는 낙엽같이 살아가는 인생
구원코자 따라주며 같이 하는 자비인데
눈이 멀고 귀가 먹은 저들이지만
황소처럼 지장처럼 최선 다하리
지혜 눈, 지혜 맘 통쾌히 열어라
아 그날이 오기만을 기다리는 마음

보 살 가

1. 세상사에 어울린 구제의 길
   어려움도 웃어넘긴 이 마음을 흰구름 너도 알리라
   성불의 보리과를 이루기 위해 두타의 수행으로써
   이 세계 저 세계서 닦았던 보현행을 영원히 펼치리

2. 세상사에 어울린 구제의 길
   어려움도 웃어넘긴 이 마음을 흰구름 너도 알리라
   온누리 극락으로 이루기 위해 두타의 길이라지만
   서원코 남김없이 구류를 제도하여 영원히 누리리

발 심 가

- 청춘가에 맞춰 흥겹게

1. 우리네 한세상 보람찬 삶으로
바꾸기 위하여 닦아들 봅시다
청춘 홍안이 얼마나 길던가
꿈꾸는 사이에 백발이 된다네

2. 참나를 깨달아 보림을 하고요
자비심 발하여 구제길 나서서
중생들 세계에 고통을 없애어
극락이 되도록 최선을 다하세

3. 본연한 몸의 능력을 베풀어
극락세계 장엄을 하구요
둥실 두둥실 누리기 위하여
오늘의 어려움 극복을 해내세

4. 눈 깜박 하는 새 한 세상 다 가고
부귀와 공명은 잠시의 꿈이라
이러한 되풀이 금생에 끝내어
윤회의 사슬에서 벗어나 납시다

권 수 가

- 창부타령에 맞춰 흥겹게

1. 아니 아니 닦지는 못하리라
나라는 참나를 어이해야 알꼬, 일분과 일각도 허송하지 말게
눈감아 뜨는 사이 백발과 주름일세
어서 수행을 하여 영원한 참나를 알고 사세
이것이것 이것이 뭐꼬, 뭐꼬라고 한 이것이 뭐꼬
보일듯이 아니 보이고 이룰 듯 하다가 놓쳤으니
하루하루가 태산만 같게 커져만 가는게 의심일세
얼씨구나 좋다, 지화자 좋네, 아니 닦지는 못하리라

2. 아니 아니 닦지는 못하리라
한송이 떨어진 꽃을 낙화진다고 서러워 마라
한번 피었다 꽃이 지듯 우리 저렇듯 지고 마는
슬픈 나날이 흘러 흘러 흘러만 가니 어이하리
차착각, 저 초침소리 검은 옷으로 다가오는
저승의 사자소리, 어찌 아니 슬플손가
숙명적인 인과라 해도 극복해 넘기에 어려웁네
얼씨구나 좋다, 지화자 좋네, 아니 닦지는 못하리라

3. 아니 아니 닦지는 못하리라
적적요요 달밝은 밤에 단정히 눈을 감은
깊은 삼매, 대상 없는 낙에 취해 짓는 미소
한산 습득이 즐겨 누리는 그 낙이 아니던가
모두들 저런 낙을 누리려거든 닦고 닦소
삼세 모든 불보살님도 두타의 수행을 인내로써
하루하루를 수행해 왔던 결실로 얻어진 과위라네
얼씨구나 좋다, 지화자 좋네, 아니 닦지는 못하리라

4. 아니 아니 닦지는 못하리라
어지러운 번뇌망상, 털고 이룬 보리마음
모든 속박 다 떨치고 호연지기를 누리는데
송죽바람 솔솔 향기, 그윽하고 그윽하네
산새도 노래하니 너도 좋고 나도 좋다
삼세제불 무현금에 역대조사 무공적의
명월삼경 이 좋은 밤을 두둥실 두둥실 즐겨보세
얼씨구나 좋다, 지화자 좋네, 아니 닦지는 못하리라

사 색

작사 대원 문재현
작곡 배신영

조 용 - 히 눈 - 감 고 - 서 참 - 나 를 살 피 - 봐 요

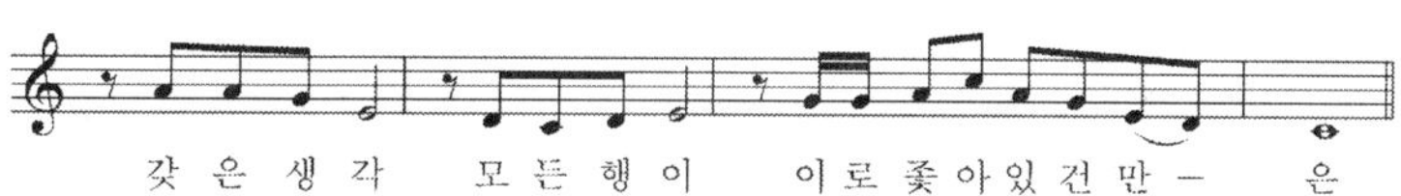

천부경을 아시나요

작사 대원 문재현
작곡 배신영
우리조상 깊 — 은 진 리 천 부 경 을 아 시 나 요
바른진리 깨 — 달 아 서 이 세 상 을 바 로 봐 요
여 든 — — 한 — 자 속 에 누 리 의 — 온 이 — 치 — 를
마 음 — — 의 능 — 력 으 로 펼 처 놓 은 장 엄 — 이 — 라
남 김없이 — 담 으 셨 — 네 — 필 부 의 사 내 — 라 도
화 려하고 — 아 름 답 — 네 — 이 땅 인 이 대 — 로 가
마 음 을 — 갈 고 닦 — 아 영 원 한 참 — 나 깨 — 쳐
낙 원 의 — 세 계 이 — 니 노 래 와 춤 — 으 로 — 써
환 인 — 큰 은 혜 에 보 답 — 해 사 — 세
어 깨 — 동 무 하 고 영 원 — 히 사 — 세

서 원 가

작사 대원 문재현
작곡 김동환
빠르지않게
참 나 를 깨 달 아 서 보 림 을 하 고
다 가올내앞날의 서원이라네 기 어코육바라밀 성취를하여
불보살님큰은혜에 보답하면서 영원히구제의길 나는가리라

님은 아시리

2003년 부산가요작가협회 창작발표회 출품작

교 화 가

작사 대원 문재현
작곡 정부기

고 개 넘 — 어
오 신 님 이 누 — 구 뇨
mf
p
mp
사바 세계
중생들 — 을
구제를 — 할 때
f
f
ff
갖은방 — 편
어려움 — 도
웃어넘는스 — 승 님
mf
mp

보살의 마음

작사 대원 문재현
작곡 정부기

며 같이하 는 자비인 데
p mp mf
제 안 경에 보 인 대 ─ 로 말 ─ 들
눈 이 멀고 귀 가 먹 ─ 은 저 ─ 들
f ff mp
하 지 만 못 들 은 척 모 르 는 ─ 척
이 지 만 황 소 처 럼 지 장 처 ─ 럼
mf f

최 — 선 다 하 — 리 바 — 른 눈 바 — — 른 —
최 — 선 다 하 — 리 지 — 혜 눈 지 — — 혜 —
맘 통 — 쾌 히 열 — — 어 — 라 아 그 날
맘 통 — 쾌 히 열 — — 어 — 라 아 그 날
이 오 기 만 을 기 다 리 는 마 — —
이 오 기 만 을 기 다 리 는 마 — —
mp
p
mf
mp
mf
p
mp
p
mp

1.
2.
음 파 — 도 음
1.
2.
mf
1.
2.

보 살 가

너무느리지않게 ♩= 80
작사 대원 문재현
작곡 김동환
세상사에어 울린 구 제의길
어려움도웃어넘긴 이 마음을 흰 구름너도알리 라
성불의보리과를 이루기위해 두타의수행으로 써

이세계저세계서 닦았던보현행을 영원히펼치ㅡ 리

바로보인의 책들

1. 바로보인 전등록 (전30권을 5권으로)

7불과 역대 조사의 말씀이 1,700공안으로 집대성되어 있는 선종 최고의 고전으로, 깨달음의 정수가 살아 숨쉬도록 새롭게 번역되었다.

464, 464, 472, 448, 432쪽.

각권 18,000원

2. 바로보인 무문관

황룡 무문 혜개 선사가 저술한 공안집으로 『전등록』, 『선문염송』, 『벽암록』 등과 함께 손꼽히는 선문의 명저이다.

본칙 48개와 무문 선사의 평창과 송, 여기에 역저자인 대원 문재현 선사의 도움말과 시송으로 생명과 같은 선문의 진수를 맛보여 주고 있다.

272쪽. 12,000원

3. 바로보인 벽암록

설두 선사의 『설두송고』를 원오 극근 선사가 수행자에게 제창한 것이 벽암록이다.

이 책은 본칙과 설두 선사의 송, 대원 문재현 선사의 도움말과 시송으로 이루어져, 벽암록을 오늘에 맞게 바로 보이고 있다.

456쪽. 15,000원

4. 바로보인 천부경

우리 민족 최고(最古)의 경전 천부경을 깨달음의 책으로 새롭게 바로 보였다. 이 책에는 81권의 화엄경을 81자에 함축한 듯한 천부경과, 교화경, 치화경의 내용이 함께 담겨 있으며, 역저자인 대원 문재현 선사가 도움말, 토끼뿔, 거북털 등으로 손쉽게 닦아 증득하는 문을 열어놓고 있다.

432쪽. 15,000원

5. 바로보인 금강경

대원 문재현 선사의 『바로보인 금강경』은 국내 최초로 독창적인 과목을 내어 부처님과 수보리 존자의 대화 이면의 숨은 뜻을 드러내고, 자문과 시송으로 본문의 핵심을 꿰뚫어 밝혀, 금강경 전체를 손바닥 안의 겨자씨를 보듯 설파하고 있다.

488쪽. 15,000원

6. 세월을 북채로 세상을 북삼아

대원 문재현 선사의 선시가 담긴 선시화집 『세월을 북채로 세상을 북삼아』는 선과 시와 그림이 정상에서 만나 어우러진 한바탕이다. 선의 세계를 누리는 불가사의한 일상의 노래, 법열의 환희로 취한 어깨춤과 같은 선시가 생생하고 눈부시게 내면의 소리로 흐른다.

180쪽. 15,000원

7. 영원한현실

애매모호한 구석이 없이 밝고 명쾌하여, 너무도 분명함에 오히려 그 깊이를 헤아리기 어려운, 대원 문재현 선사의 주옥같은 법문을 모아 놓은 법문집이다.

400쪽. 15,000원

8. 바로보인 신심명

신심명은 양끝을 들어 양끝을 쓸어버리는, 40대치법으로 이루어진, 3조 승찬 대사의 게송이다.

이를 대원 문재현 선사가 바로 번역하는 것은 물론, 주해, 게송, 법문을 더해 통쾌하게 회통하고 자유자재 농한 것이 이 『바로보인 신심명』이다.

296쪽. 10,000원

9. 바로보인 환단고기 (전5권)

『바로보인 환단고기』 1권은 민족정신의 정수인 환단고기의 진리를 총정리하여 출간하였다.

2권에는 역사총론과 태초에서 배달국까지 역사가 실려있으며, 3권은 단군조선, 4권은 북부여에서부터 고려까지의 역사가 실려있다. 5권에는 역사를 증명하는 부록과 함께 환단고기 원문을 실었다.

264 · 368 · 264 · 352 · 344쪽. 각권 12,000원

10. 바로보인 선문염송 (전30권 중 14권)

선문염송은 세계최대의 공안집이다. 전 공안을 망라하다시피 했기에 불조의 법 쓰는 바를 손바닥 들여다보듯 하지 않고는 제대로 번역할 수 없다. 대원 문재현 선사는 전 공안을 바로 참구할 수 있게끔 번역하고 각 칙마다 일러보였다.

352 368 344 352 360 360 400 440 376 392 384 428 410 380쪽

각권 15,000원

11. 앞뜰에 국화꽃 곱고 북산에 첫눈 희다

대원 문재현 선사의 선문답집으로 전강 · 경봉 · 숭산 · 묵산 선사와의 명쾌한 문답을 실었으며, 중앙일보의 <한국불교의 큰스님 선문답> 열 분의 기사와 기자의 질문에 대한 대원 문재현 선사의 별답을 함께 실었다.

200쪽. 5,000원

12. 바로보인 증도가

선종사에 사라지지 않을 발자취로 남은 영가 선사의 증도가를 대원 문재현 선사가 번역하고 법문과 송을 더하였다.

자비의 방편인 증도가의 말씀을 하나 하나 쳐가는 선사의 일갈이야말로 영가 선사의 본의중과 일치하여 부합하는 것이라 아니할 수 없다.

376쪽. 10,000원

13. 바로보인 반야심경

이 시대의 야부 선사, 대원 문재현 선사가 최초로 반야심경에 과목을 붙여 반야심경 내면에 흐르는 뜻을 밀밀하게 밝혀놓고 거침없는 송으로 들어보였다.

200쪽. 10,000원

14. 선(禪)을 묻는 그대에게 (전10권 중 2권)

대원 문재현 선사의 선수행에 대한 문답집. 깨달아 사무친 경지에 대한 밀밀한 점검과, 오후보림에 대한 구체적인 수행법 제시와, 최초의 무명과 우주생성의 원리까지 낱낱이 설한 법문이 담겨 있다.

280쪽, 272쪽. 각권 15,000원

15. 바로보인 선가귀감

선가귀감은 깨닫고 닦아가는 비법이 고스란히 전수되어 있는 선가의 거울이라 할 만하다. 더욱이 바로보인 선가귀감은 매 소절마다 대원 문재현 선사의 시송이 화살을 과녁에 적중시키듯 역대 조사와 서산대사의 의중을 꿰뚫어 보석처럼 빛나고 있다.

352쪽. 15,000원

16. 바로보인 법융선사 심명

심명 99절의 한 소절, 한 소절이 이름 그대로 마음에 새겨두어야 할 자비광명들이다.
이 심명은 언어와 문자이면서 언어와 문자를 초월한 일상을 영위하게 하는 주옥같은 법문이다.
278쪽. 12,000원

17. 주머니 속의 심경

반야심경은 부처님이 설하신 경 중에서도 절제된 경으로 으뜸가는 경이다. 대원 문재현 선사의 선송(禪頌)도 그 뜻을 따라 간략하나 선의 풍미를 한껏 담고 있다. 하루에 한 소절씩을 읽고 참구한다면 선 수행의 지름길이 될 것이다.
84쪽. 5,000원

18. 바로보인 법성게

법성게는 한마디로 화엄경의 핵심부를 온통 훤출히 드러내놓은 게송이다. 짧은 글 속에 일체의 법을 이렇게 통렬하게 담아놓은 법문도 드물 것이다.
이렇게 함축된 법성게 법문을 대원 문재현 선사가 속속들이 밀밀하게 설해놓았다.
160쪽. 10,000원

19. 달다 - 전강 대선사 법어집

이제는 전설이 된 한국 근대선의 거목인 전강 선사님의 최상승법과 예리한 지혜, 선기로 넘쳤던 삶이 생생하게 담겨 있는 전강 대선사 법어집 < 달다 > !

전강 대선사님의 인가 제자인 대원 문재현 선사가 전강 대선사님의 법거량과 법문, 일화를 재조명하여 보였다.

304쪽. 15,000원

20. 기우목동가

그 뜻이 심오하여 번역하기 어려웠던 말계 지은 선사의 기우목동가!

대원 문재현 선사가 바른 뜻이 드러나도록 번역하고, 간결한 결문과 주옥같은 선송으로 다시 보였다.

146쪽. 10,000원

21. 초발심자경문

이 초발심자경문은 한문을 새기는 힘인 문리를 터득하게 하기 위하여 일부러 의역하지 않고 직역하였다.

대원 문재현 선사의 살아있는 수행지침도 실려 있다.

266쪽. 10,000원